Thomas Franke
Konrad und das Nadelöhr

Über den Autor

Thomas Franke ist Sozialpädagoge und bei einem Träger für Menschen mit Behinderung tätig. Als leidenschaftlicher Geschichtenschreiber ist er nebenberuflich Autor von Büchern. Die Geschichten entstanden unter anderem im Rahmen seiner Mitarbeit in einer Kinderklettergruppe. Er lebt mit seiner Familie in Berlin. www.thomasfranke.net

Thomas Franke

Konrad und das Nadelöhr

18 tierische Kurzgeschichten

Inhalt

Charlie und der Hirte 7

Konrad und das Nadelöhr 14

Phillip Fusselbirne und der Marathon
der Weberknechte 28

Fiona, Elvis und die Lemminge 37

Enno und der lebensgefährliche
Lebensrettungsplan 48

Warum es besser war, dass Pogo nicht
fliegen konnte 68

Onkel Benedikts Vermächtnis 84

Harald, das Moor und der falsche Moment
für Plaudereien 102

Lars und die Legende vom Meer 110

Maik Mampf und die mongolischen
Rennmäuse 127

Mission Opossum – ein neuer Auftrag
für Superbert 144

Wie Kuni das Unmögliche tat 162

Hans und der Sturz in den Abgrund 170

Der Zirkusdirektor und die affige
Abstimmung 180

Leon Teil 1 – Nur der Löwe ist der Löwe 191

Leon Teil 2 – Die Königskinder und der
fiese Popo 203

Leon Teil 3 – Riesendurst statt Zebrawurst ... 218

Spucke und die Friedenstaube 237

Charlie und der Hirte

Charlie das Schaf war sauer, stinksauer. Immer machten ihm die anderen Vorschriften: „Du darfst dies nicht, du darfst das nicht"; „Der Hirte hat aber gesagt…" und so weiter und so weiter.

Allmählich hatte er die Nase gründlich voll. Am schlimmsten war Meckerminni, die alte Petze. Aber die anderen 98 waren auch nicht viel besser.

Charlie gehörte nämlich einem Hirten, der genau hundert Schafe hatte. Eigentlich ging es Charlie gar nicht so schlecht in seiner Herde, aber darüber wollte er jetzt überhaupt nicht nachdenken. Er war nämlich sauer, stinksauer. Er hatte sich ganz furchtbar mit den anderen gestritten. Zwar konnte er sich nicht mehr so recht erinnern, worum es in diesem Streit eigentlich gegangen war, aber er wusste noch ganz genau, dass er recht gehabt hatte!

Er sonderte sich von den anderen ab und schlich an den Rändern der Weide entlang. Und schließlich entdeckte er etwas Interessantes. War da nicht ein Loch im Zaun? Neugierig trabte er näher. Tatsache, ein dickes, fettes, genau charlieschafgroßes Loch. Wenn das kein Wink des Schicksals war?!

Du darfst da nicht durch, würde Meckerminni jetzt garantiert sagen. *Das hat der Hirte verboten.*

Pah, dachte er sich. *Wenn das dem Hirten wirklich so wichtig wäre, hätte er kein Loch im Zaun gelassen.* Vorsichtig sah er sich um. Niemand schaute zu ihm herüber und – schwupp – schon war er durch das Loch geschlüpft. Er brauchte gar nicht weit zu gehen, da bekam er vor Staunen Augen, so groß wie Frühstücksteller. Unglaublich – ein riesiger Gemüsegarten voll mit den leckersten und saftigsten grünen Blättern! Sofort machte sich Charlie an die Arbeit und schlug sich den Bauch voll, bis ihm der Spinat fast aus den Ohren wieder rauskroch und der Sellerie ihm beinahe aus der Nase guckte.

Plötzlich schreckte ihn ein schriller Schrei aus seiner Schlemmerei. „Charlie! Was tust du da?"

O nein!, durchzuckte es Charlie.

„Das sag ich dem Hirten!", fauchte Meckerminni und im nächsten Moment galoppierte sie schon laut blökend auf die Weide zurück.

„So ein Mist", schimpfte Charlie. Er verließ den Spinat und schlug sich an den Kohlköpfen vorbei, quer durch den Salat. *Nix wie weg*, dachte er und rannte, so schnell es seine kurzen Beine und sein vollgefressener Bauch zuließen, davon.

Charlie rannte und rannte, und als er schließlich nicht mehr konnte und mit Seitenstichen und hechelnder Zunge stehen blieb, wusste er nicht mehr, wo er war. Alles sah so fremd aus. Die grünen Wiesen waren verschwunden, stattdessen ragten hohe, kahle Felswände um ihn herum in den Himmel auf und unter seinen Hufen knirschte Geröll. Es sah ein bisschen unheimlich aus.

Vorsichtig lief er weiter. Was sollte er jetzt tun? Umkehren? Er dachte an die keifende Meckerminni, an die vorwurfsvollen Blicke all der anderen Schafe und an den Hirten, der garantiert supersauer war, weil Charlie den Garten verwüstet hatte. Nein, nein, da war es hier doch allemal besser – ein bisschen kahl vielleicht, aber wenigstens ließ man ihn in Ruhe.

Und so stapfte Charlie weiter. Als es anfing zu dämmern, fühlte er sich auf einmal furchtbar einsam. Um sich Mut zu machen, versuchte er, ein Lied zu pfeifen, aber es wollte ihm nicht recht gelingen. Charlie war nicht der Musikalischste und seine aufkeimende Furcht machte es nicht besser. Sein Pfeifen hörte sich in etwa an wie ein pupsender Ochsenfrosch, der in einen Teller mit Bohnensuppe gefallen ist. Also ließ er das mit dem Pfeifen lieber bleiben. Stattdessen begann er, sich große Sorgen zu machen. Wo sollte er nur hin?!

Schließlich wurde es immer dunkler und Charlie konnte kaum noch den Huf vor Augen sehen. Er kroch in einen dunklen Spalt und legte sich auf den kalten Boden. Der Felsspalt war recht tief und glich einer Höhle. *Wenigstens bin ich hier einigermaßen sicher*, dachte Charlie.

Aber das war, bevor er die Wölfe zum ersten Mal hörte!

Der Schreck fuhr Charlie durch alle Glieder, als er das hungrige Heulen vernahm, mit dem der Leitwolf sein Rudel zur Jagd rief. *O nein!*, war alles, was Charlie denken konnte, und dann kauerte er sich zusammen und kniff die Augen zu.

Das nächste Heulen klang schon näher. Geröll polterte irgendwo in dem schmalen Tal. Wieder ein Heulen. Charlie öffnete die Augen nur ein winziges bisschen. Inzwischen war der Mond aufgegangen und tauchte die trostlose Welt vor seinem Versteck in düsteres Licht. Nicht weit entfernt glaubte Charlie, dunkle Schatten durch die Nacht huschen zu sehen. Sofort schloss er die Augen wieder. „Ich Idiot! Ich Volltrottel! Ich Riesenhornochse!", murmelte er lautlos vor sich hin. „Wäre ich doch nie abgehauen."

Plötzlich ertönte ein tiefes, grausames Knurren ganz dicht bei ihm. Charlie erstarrte und versuchte, sich so klein wie möglich zu machen. Kurz hörte es sich so an, als würden Pfoten schnell davonlaufen, doch dann knirschte Geröll, direkt vor dem Felsspalt. Charlie rechnete jeden Augenblick damit, den stinkenden Atem eines Wolfrachens zu riechen und scharfe Reißzähne in seinem Nacken zu spüren.

Etwas Riesiges beugte sich über ihn.

„Da bist du ja, Charlie. Ich habe dich überall gesucht."

Vor Erleichterung quiekte Charlie wie ein neugeborenes Ferkel.

„Der Hirte! Es ist tatsächlich der Hirte, er hat nach mir gesucht. Ich bin gerettet!", blökte er erleichtert. Charlie konnte sein Glück kaum fassen.

Sanft wurde er von starken Armen emporgehoben. Von hier oben sah die Welt ganz anders aus. Die Wölfe hatten sich irgendwo in die Nacht verzogen, ihr Heulen klang nun gar nicht mehr so grausam, sondern eher ein bisschen beleidigt.

Er mag mich. Der Hirte mag mich, trotz allem!, dachte Charlie und staunte, während er es gleichzeitig genoss, dass dieser ihn hinter dem Ohr kraulte. Ganz gemütlich wanderte der Hirte mit ihm den weiten Weg zurück.

Und Charlie? Charlie fühlte sich in dieser Nacht wie das wichtigste, ja, wie das einzige Schaf auf der ganzen Welt.

Und wisst ihr was? Er hatte sogar fast recht damit.

Jesus erzählte einmal folgendes Gleichnis:

„Stellt euch einen Mann vor, der hundert Schafe hat. Was macht er wohl, wenn eins davon wegläuft? Ich will es euch verraten: Er lässt die neunundneunzig anderen zurück, um das verirrte Schaf zu suchen. Und wenn er es endlich gefunden hat, dann freut er sich über dieses eine mehr als über die neunundneunzig, die sich nicht verlaufen haben. Dem Hirten ist jedes einzelne seiner Schafe superwichtig. Und genauso ist für Gott jeder einzelne Mensch superwichtig. Er sorgt sich um uns wie ein liebevoller Vater. Und deshalb will er nicht, dass auch nur einer, und sei es auch der Kleinste und Unscheinbarste, verloren geht."

Nach Matthäus 18,12-14

Konrad und das Nadelöhr

Konrad war stolze zwei Meter fünfundvierzig groß. Er trug stets eine riesige, blau-gold verzierte Damastdecke und konnte mühelos die allerschwersten Lasten schleppen. Vierhundert Kilo waren

überhaupt kein Problem, und dies tagelang und bei Affenhitze. Dabei geriet er nicht einmal ins Schwitzen. Außerdem war er superschnell. Einmal hatte er sogar den Araberhengst eines Kalifen in einem Rennen geschlagen. Konrad hatte seidiges, goldbraunes Haar und einen prächtigen, schwarzbraunen Kinnbart. Überdies hatte er auch noch eine besondere Begabung im Weitspucken. Er konnte zielgenau 15 Meter weit direkt in das Ohr eines Kameltreibers spucken. Und wenn dieser sich dann wutschäumend nach dem schleimigen Angreifer umsah, blickte Konrad so unschuldig drein wie ein Lämmlein, das gerade sein erstes Gänseblümchen verzehrt.

Um es klar zu sagen: Konrad war das größte und schönste Kamel im Umkreis von 200 Meilen, und das wusste er sehr genau.

Konrad blickte immer ein wenig hochmütig auf die Kamelkollegen seiner Karawane herab. Für die Maultiere hatte er nur ein mitleidiges Lächeln übrig und die Lastesel beachtete er gar nicht erst. Sie waren für ihn nicht mehr als struppige Staubwedel mit Ohren.

Der mickrigste dieser wandelnden Staubwedel war ein besonders erbarmungswürdiges Geschöpf.

Elimar der Esel war so winzig, dass die anderen Tiere lästerten, er sei wohl ein Kaninchen, dem man die Beine lang gezogen habe. Sein struppiges Fell war voller Flöhe, und er roch wie ein Iltis, der ein Stinktier beeindrucken will.

Elimar hatte furchtbare Angst vor Wasser. Lieber trank er die alte, abgestandene Brühe aus einem Eimer, als dass er sich einer Oase dichter als

zwanzig Schritte näherte. Schon wenn ein paar Spritzer sein Fell benetzten, quiekte er wie ein Schwein, dem ein Metzger zuzwinkert. Das lag daran, dass sein erster Besitzer versucht hatte, Elimar zu ertränken, als er erkannt hatte, was für ein nutzloser Winzling der kleine Esel war. Glücklicherweise war damals gerade Trockenzeit und somit nicht genug Wasser in der Oase. Elimar kam mit dem Leben davon. Allerdings verlor er dabei seine Vorderzähne. Seitdem lispelte er.

Eines Tages nun geschah es, dass Elimar mit seiner Karawane direkt neben Konrad dahinzog. Das heißt: *Konrad* zog dahin – mit langen, eleganten Schritten. Elimar hingegen versuchte hoppelnd und mit heraushängender Zunge, Schritt zu halten. Der kleine Esel hatte auf seinem Rücken ein winziges Körbchen mit Dung, welcher den Beduinen als Brennmaterial diente. Konrad hingegen trug eine Last, die mindestens fünfmal so schwer war wie der ganze Elimar samt seinem Körbchen: schwarzes Ebenholz und feinste Seide aus dem Morgenland – sehr selten und sehr, sehr kostbar. Das würdige Kamel achtete nicht weiter auf den winzigen, struppigen Esel, und Elimar traute sich nicht, etwas zu sagen.

Die Karawane war ein bisschen spät dran und die Tiere wurden immer unruhiger. Plötzlich ließ ein Schrei die ganze Kolonne erschrocken zusammenfahren. „Ein Sandsturm! Ein Sandsturm kommt auf."

„Au Backe, fo ein Mift", lispelte Elimar.

Konrad behielt die Ruhe. Rasch erstieg er einen kleinen Sandhügel und sah, wie erwartet, die Stadt nur ein paar Meilen entfernt in der Abenddämmerung vor sich liegen. „Okay, Jungs", rief er den anderen Kamelen zu, „jetzt ganz ruhig bleiben! Es war ein harter Tag, aber wir schaffen das. Im Laufschritt brauchen wir nicht mehr als 15 Minuten. Ich gebe das Tempo vor. Und ich verspreche euch, wer bei mir bleibt, schlürft nachher einen Wassermelonenshake in Josefs Restaurant, ohne dass ihm der Sand zwischen den Zähnen knirscht. Mir nach!"

Die ganze Kolonne fasste neuen Mut und im Laufschritt folgte sie dem vorauseilenden Konrad. Elimar versuchte, das Tempo zu halten. Sein Atem keuchte und sein Herz flatterte wie ein Schmetterling. Dennoch konnte er nicht verhindern, dass er immer weiter zurückfiel.

Plötzlich blieb Konrad stehen, sodass auch die anderen mit qualmenden Hufen über den Sand schlitterten. Mit hechelnder Zunge stieß als Letzter auch Elimar dazu.

„Diese elenden Weicheier", knurrte Konrad. „Seht euch das an. Sie schließen die großen Tore."

„Sie haben Angst vor dem Sandsturm", sagte Dorothee das Dromedar mit großen Augen.

„Sieht so aus", erwiderte Konrad. Dann erhob er die Stimme und wandte sich an die erschrocken dastehende Karawane. „Planänderung, Leute. Wir müssen weiter nach Osten. Dort gibt es, soweit ich weiß, noch ein kleines Nebentor. Das ist fast immer offen. Jetzt könnt ihr zeigen, was in euch steckt. Beeilt euch. Wir müssen die Ladung retten."

Elimar der Esel wollte etwas sagen. „Äh hallo… Chef! Ef… gibt da noch ein Problem…"

Weiter kam er nicht, denn Konrad startete durch und hinterließ eine mächtige Staubwolke.

Nachdem er seinen Hustenanfall überwunden hatte, versuchte der kleine Esel verzweifelt mitzuhalten. Hinter sich konnte er schon das drohende Brausen des Sturmes vernehmen. Elimar glaubte, gleich ohnmächtig werden zu müssen, so anstrengend war das Laufen. Doch er gab nicht auf. Und das lag nicht nur an dem drohenden Sandsturm.

Im Gegensatz zu Konrad war Elimar nämlich schon einmal durch das kleine Nebentor gegangen, und er wusste, warum es *Das Nadelöhr*[1] hieß.

Und dann blieb die Karawane tatsächlich noch einmal stehen. Nur fünfzig Meter von der Mauer entfernt. Elimar hätte vor Freude gerne einen Luftsprung gemacht, wenn seine Beine nicht so schrecklich gezittert hätten.

„Da vorne ist es", hörte er Konrad sagen, der kein bisschen außer Atem klang. „Auf zum Schlussspurt, bevor die Jungs das Tor auch noch schließen."

Elimar quetschte sich zwischen den Beinen der anderen Tiere hindurch. „Halt", krächzte er völlig erschöpft, „Ftop, einen… Moment… noch."

Ärgerlich drehte sich Konrad um. Zuerst sah er gar nicht, wer dort rief, bis er seinen Blick zu Boden senkte. „Was willst du denn?", fragte Konrad naserümpfend.

„Daf Tor…", keuchte Elimar atemlos.

„Natürlich ist da das Tor, du Trottel", zischte Konrad. „Deswegen habe ich euch doch hierhergeführt. Und nun zur Seite, du stinkst nämlich ganz

---

[1] Ein Nadelöhr ist das winzige Loch in einer Nähnadel, durch das man den Faden zieht, mit dem man nähen möchte.

erbärmlich. Ich will nicht, dass alle in Ohnmacht fallen, bevor wir die Stadt erreichen."

„Nein, du verftehft nicht", sagte Elimar verzweifelt. „... du mufft vorfichtig fein. Daf Tor ift nämlich fehr kl..."

„Hör auf, hier rumzuwinseln", unterbrach ihn Konrad wütend. „Ich habe euch hierhergeführt. Ich weiß, was ich tue!"

„Aber..."

„Klappe halten", zischte Konrad und dann rief er den anderen zu: „Auf geht's!" Konrad sprintete los, dass die Barthaare wehten und die Ladung auf seinem Rücken sich bedrohlich nach hinten neigte. Er grinste, als er bemerkte, dass er die anderen weit hinter sich ließ. Rasch kam die rettende Öffnung näher. In Gedanken machte er es sich schon in Josefs Bar gemütlich. Dann hatte er die Stadt erreicht. Doch statt elegant durch das Tor zu preschen, blieb er plötzlich stecken wie ein Korken im Flaschenhals. Sein Schwung war dabei so groß, dass ihm die Augäpfel wie Riesenpilze aus den Höhlen glubschten und seine Zunge durch die Zähne hindurch um seine Nase schlabberte.

Dann wurde er wie von einem Gummi zurückgeschleudert, ditschte ein paar Mal mit dem

Hintern auf den harten Wüstenboden und kam in einer riesigen Staubwolke zum Liegen. Doch anstelle des Staubs sah Konrad Sternchen – eine ganze Galaxie voll.

Als er wieder zu sich kam, waren die anderen Tiere aus der Karawane verschwunden. Sie hatten es irgendwie geschafft, sich durch das Tor in Sicherheit zu bringen. Der Sturm war inzwischen ganz dicht und Sand bedeckte die dicken Packen von Ladung, die rechts und links von Konrad auf dem Boden lagen. Konrad war zu benommen, um sie zu bemerken. Verwirrt schüttelte er den Kopf und versuchte aufzustehen.

„Haft du dir wehgetan?", drang eine mitfühlende Stimme an sein Ohr.

Wenn schon nicht durch das Lispeln, so konnte Konrad spätestens durch den penetranten Geruch erahnen, wer dort zu ihm sprach. „Was machst du denn noch hier?", fragte Konrad und erhob sich stöhnend.

„Ich dachte, du könnteft vielleicht ein wenig Hilfe gebrauchen", erwiderte Elimar.

„Hilfe? Von dir?", fragte Konrad, während er schwankend auf die Beine kam. Langsam wankte er auf das Tor zu.

„Du muft Ballaft abwerfen", sagte Elimar eindringlich und hoppelte neben ihm her. „Fo pafft du nich durch."

„Ich bin ein Kamel, was bildest du dir ein?", fragte Konrad würdevoll. „Ich bin sogar das beste Lastkamel im Umkreis von 200 Meilen. Ich trage keinen *Ballast*. Ich trage die wertvollsten Güter der gesamten Karawane. Mit dem Preis für meinen *Ballast* könntest du dieses Stadttor da komplett vergolden lassen."

„Ift ja fön und gut", erwiderte der kleine Esel ungeduldig. „Aber der Fandfturm ift gleich hier, und wenn du daf Feug nicht fleunigft lofwirft, bleibt von dir nicht mehr übrig alf ein paniertef Kamelfnitfel."

Konrad warf einen nervösen Blick nach hinten. Der kleine Stinker hatte leider recht. Der Sturm war gewaltig und schon so dicht, dass er sich wie eine düstere Wand vor ihnen auftürmte. Es wurde wirklich Zeit, dass sie in die Stadt kamen. Mit einem ärgerlichen Knurren ging Konrad in die Knie und versuchte, sich robbend durch das Tor zu bewegen.

Es half nichts; er blieb stecken. Und hätte der kleine Esel nicht an seinem Schwanz gezogen, wäre er auch gar nicht wieder rausgekommen.

„Beim Eiterpickel meines Urgroßvaters, so ein Mist!", schimpfte Konrad. Er warf einen Blick auf den kleinen Esel, der treuherzig zu ihm aufblickte. Dann knurrte er: „Hilf mir mal, das oberste Bündel abzuschnüren."

Das große Kamel kniete nieder, und der kleine Esel zerrte mit seinen verbliebenen Zähnen eifrig an dem Packen, bis die wertvolle Seide schließlich in den Staub fiel.

Konrad zuckte beinahe schmerzhaft zusammen, als Elimar den Stoff achtlos mit den Hufen beiseiteschob und meinte: „Ich fürchte, daf wird nicht reichen."

„Unsinn", knurrte Konrad und kroch auf das Nadelöhr zu. „Mist", fluchte er wenig später. Das Paket war immer noch zu groß.

Noch zweimal musste Elimar das Paket verkleinern, bevor Konrad endlich einsah, dass seine wertvolle Last nicht zu retten war. Inzwischen heulte ihnen der Wind ordentlich um die Ohren und der Sand peitschte ihnen ins Gesicht. Konrad machte sich so klein wie möglich und quetschte sich durch das Nadelöhr. Elimar schob und drückte aus Leibeskräften.

Und dann endlich mit einem lauten RATSCH riss auch noch die kostbare goldblaue Damastdecke von Konrads Höcker, und er selbst flutschte nackt und ramponiert durch das winzige Tor. Stolpernd und hustend folgte ihm Elimar. Rasch brachten sich die beiden in einer engen Gasse in Sicherheit. Dann hörten sie, wie auch das Nadelöhr als letztes Tor geschlossen wurde.

Schweigend blieben die beiden stehen, während sie hin und wieder Sand ausspuckten. Dann kniete Konrad nieder, bis er sich auf Augenhöhe mit dem kleinen Esel befand. „Ich... war... ein Riesenidiot", sagte er stockend. „Und du... du bist ein echter Held, kleiner Esel. Wenn ich irgendetwas tun kann, um das wiedergutzumachen, sag es mir."

„Och, na ja", druckste Elimar ein wenig verlegen herum. Solches Lob war er nicht gewohnt. „Alfo, wenn du mir einen Gefallen tun willft... Ich habe noch nie einen Waffermelonenfake getrunken."

„Dann wird es Zeit, dass wir das ändern", sagte Konrad ernst und zwinkerte Elimar zu.

Sie waren mit Abstand das seltsamste Paar, das sich an diesem Abend in Josefs Restaurant einfand. Es wurde viel getuschelt und hämisch gegrinst. Doch zum ersten Mal in seinem Leben war es Konrad egal, was die anderen von ihm dachten, denn heute hatte er erfahren, was wirklich wichtig ist.

**Einmal war Jesus
ziemlich traurig,**

weil ein reicher Mann, der eigentlich ein netter Kerl war, nicht verstehen wollte, dass ihn sein ganzer Reichtum von viel Wichtigerem abhielt. Da sagte Jesus zu seinen Freunden: „Ein Reicher hat es echt schwer, in die neue Welt Gottes zu kommen. Das liegt daran, dass sich bei ihm alles um die falschen Sachen dreht. Eher noch quetscht sich ein Kamel durchs Nadelöhr, als dass ein Reicher kapiert, worauf es wirklich ankommt."

Nach Matthäus 19,24

Phillip Fusselbirne und der Marathon der Weberknechte

Die beiden Weberknechte Phillip Fusselbirne und Steffi Stinkesocke spazierten gerade die Amöbenpromenade entlang, als sie auf einmal eine große Ansammlung von anderen Weberknechten entdeckten, die aufgeregt miteinander tuschelten.

„Alle mal herhören! Alle mal herhören!", rief jemand laut. Es war Alois Altölkanister. Mit seinen langen, dürren Beinen erklomm er einen verbeulten Fingerhut, sodass er von allen gut zu sehen war.

An dieser Stelle sollte ich besser noch eine Anmerkung machen: Vielleicht wundert ihr euch über die merkwürdigen Namen der Weberknechte, aber bei denen ist es so üblich, dass sie nach dem Ort benannt werden, an dem sie geboren wurden. Bei Alois war es der erwähnte Altölkanister, Steffi erblickte das Licht der Welt in der alten Socke eines achtjährigen Jungen – der sich ungern duschte –, und Phillips Geburtsort war die Perücke einer aussortierten Schaufensterpuppe.

„Alle mal herhören!", rief Alois noch einmal und winkte mit einem seiner langen Beine. „In genau vier Wochen startet der große Weberknechtmarathon quer durch den Hoppelgarten bis zum olympischen Spinnentierstadion."

„Typisch Alois", murmelte Phillip Fusselbirne Steffi Stinkesocke zu. „Immer muss sich Herr Altölkanister wichtigmachen."

„Psst", zischte Steffi. „Es geht noch weiter."

„Der Sieger erhält als besonderen Preis eine unverdaute Fruchtfliege wöchentlich bis an sein Lebensende."

„Hey!" Steffi knuffte Phillip mit ihrem Lieblingsvorderbein in den Bauch. „Das hört sich doch interessant an, oder?"

„In der Tat", brummte Phillip und kratzte sich am Kinn. Dann grinste er. „Das hört sich sogar richtig gut an. Nie wieder arbeiten! Jede Woche eine schöne leckere Fruchtfliege… Herrlich. Ich glaub, da mach ich mit."

„Ich auch! Ich auch!" Begeistert hüpfte Steffi wie eine wild gewordene Sprungfeder auf und ab.

„Und wie steht's mit deinem Laufstil?", unterbrach Phillip Fusselbirne sie. „Immerhin muss man ja gewinnen."

„Ach ja…" Steffi hörte so abrupt auf zu hüpfen, dass ihre Gelenke ein protestierendes Quietschen von sich gaben. „Ich glaub, da muss ich noch ein wenig üben."

Phillip Fusselbirne nickte und lächelte dabei ein bisschen überheblich.

„Am besten, ich fang gleich an zu trainieren", sagte Steffi Stinkesocke, die sich in ihrer Begeisterung nicht bremsen lassen wollte. „Machst du mit?"

„Später vielleicht." Phillip winkte ab. „Lauf am besten schon mal vor."

„Okay." Und schon peste Steffi los, so schnell, dass sich ihre elend langen Beine beinahe ineinander verhedderten.

„So wird das nie etwas", murmelte Phillip kopfschüttelnd. „Da muss man sich professionell vorbereiten." Dann wandte er sich ab und marschierte in die große Spinnentierbibliothek südlich der Biomülltonne. Als er wieder herauskam, hatte er sich so viele Bücher unter die Achseln geklemmt, dass er fast in die Knie ging. Am schwersten war das bebilderte Fachbuch des Laufens von Lolita Luftpumpe und Peter Putzlappen. Phillip brauchte fast den ganzen Tag und die halbe Nacht, um seine Lektüre einigermaßen zu sortieren. Als er morgens auf seiner Löwenzahnterrasse saß, einen Becher Tümpeltee schlürfte und Rudi Radieschens Anmerkungen über den perfekten Laufstil las, joggte Steffi mit knirschenden Gelenken vorbei. Ihr Kopf war so rot wie eine holländische Tomate und ihre Beine zitterten wie Wackelpudding.

„Na, wie läuft's?", rief Phillip ihr zu und konnte sich ein leichtes Schmunzeln über sein gelungenes Wortspiel nicht verkneifen. Aber Steffi hatte zum Sprechen keine Luft mehr übrig.

Eine Woche später, Phillip Fusselbirne mixte sich gerade seine Spezial-Muskelaufbau-Sojamilch, joggte Steffi schon etwas entspannter vorbei. Sie schnaufte zwar noch immer wie ein wütender Dampfkessel, aber immerhin brachte sie ein gekeuchtes „Moin" zustande. Phillip schüttelte nur den Kopf über ihr stümperhaftes Training und schlürfte seine Sojamilch.

Zwei Wochen vor Startbeginn hatte Phillip bereits blutunterlaufene Augen vom vielen Lesen. Etwas ungeduldig wartete er auf seine supermodernen Laufschuhe, die er sich im zwei Kilometer entfernten Tropeninstitut bestellt hatte, in dessen Heizungskeller japanische Moskitos heimlich eine riesige Fabrik für Sportartikel betrieben.

„Guten Morgen!", rief ihm Steffi Stinkesocke zu, die nun beinahe leichtfüßig an ihm vorbeitrabte.

„Morgen", brummte Phillip und vertiefte sich in Ludwig Lutschers Lexikon der Langlauflatschen.

Eine Woche vor dem Rennen hatte Phillip sein Trainingsprogramm beinahe fertig. Er war noch dabei, seine persönliche Leistungskurve zu berechnen. Sie war erstaunlich flach und endete bereits um 9.45 Uhr, zwanzig Minuten nach dem Morgentee.

„Einen wunderschönen guten Morgen, Phillip", flötete ihm Steffi zu. Sie joggte locker und entspannt mit einem fröhlichen Lied auf den Lippen an ihm vorbei. Phillip verkniff sich eine Antwort.

Am Tag des großen Rennens stellte sich Phillip Fusselbirne ein wenig nervös an der Startlinie auf. Sein Trainingsplan war gestern erst fertig geworden, und da war es fürs Üben schon ein bisschen spät gewesen. Nun gluckerte sein Magen von der vielen Sojamilch und die Laufschuhe scheuerten an seinen Füßen. Die ganze Nacht hatte er sich eine Taktik zurechtgelegt und keine Zeit zum Schlafen gehabt. Er würde die Gegner gleich am Anfang mit einem Sprint schocken, dann etwas Ruhe ins Rennen bringen und erst zum Schl–

„Und los!"

So ein Mist, er hatte den Start beinahe verpasst. Mit quietschenden Schuhen flitzte er los. Grinsend sauste er an Steffi vorbei und setzte sich an die Spitze der Gruppe. Leider dauerte dieser Triumph nur eine halbe Minute. Schon nach fünfzig Schritten spürte er, wie der Schweiß ihm in Strömen den Körper hinablief, und er keuchte wie ein asthmakrankes Walross. Zu allem Überfluss gaben die bekloppten Laufschuhe ihren Geist auf und verloren ihre Sohlen. „Diese blöden Moskitos", schimpfte er vor sich hin. „Kein Wunder – was verstehen die schon vom Laufen? Die fliegen ja die ganze Zeit."

Leichtfüßig trabte Steffi an ihm vorbei. „Alles okay? Geht's dir gut?", fragte sie freundlich.

„Wunderbar", schnaufte Phillip mit hochrotem Kopf. „Das ist alles nur Taktik."

Einer nach dem anderen zogen die anderen Läufer an ihm vorbei. Mit zusammengebissenen Zähnen schleppte sich Phillip – inzwischen im Schneckentempo – weiter.

Ein alter Weberknecht, der zwei seiner 8 Beine im Kampf mit einer Amsel verloren hatte und einen halbierten Zahnstocher als Krücke benutzte, überholte ihn auf der rechten Seite, ein beinahe frisch geschlüpftes Weberknechtbaby, das heulend nach seiner Mama suchte, auf der linken Seite. Aber erst als eine Kolonne Weinbergschnecken mit den orangefarbenen Blütenkelchen der Stadtreinigung an ihm vorbeizog, um die weggeworfenen Trinkbecher der Läufer einzusammeln, gab er auf.

„Was habe ich nur falsch gemacht?", schnaufte er, nach Atem ringend, vor sich hin, während er humpelnd und mit furchtbaren Seitenstichen nach Hause schlurfte. Aus weiter Ferne konnte er

hören, wie der Sprecher des olympischen Spinnentierstadions in sein Mikrofon rief: „Und die Siegerin des heutigen Tages ist... Steffi Stinkesocke! Sie ist zum allerersten Mal dabei und hat gleich den ersten Platz erlaufen! Eine wirklich beeindruckende Leistung! Frau Stinkesocke, meinen herzlichsten Glückwunsch..."

Den Rest hörte Phillip Fusselbirne nicht mehr, was wohl daran lag, dass er es vorgezogen hatte, vor Erschöpfung und Wut in Ohnmacht zu fallen.

Natürlich ist es eine prima Sache,

wenn ihr euch mit Gottes Wort beschäftigt. Aber es genügt nicht, nur in der Bibel zu lesen oder in den Gottesdienst zu gehen. Ihr müsst auch danach handeln. Denn Gott will ja nicht nur, dass ihr von ihm hört, sondern dass ihr mit ihm lebt, ihm vertraut und anderen Menschen liebevoll begegnet. Wenn sich euer Glaube überhaupt nicht in eurem Leben zeigt, dann trickst ihr euch selber aus.

Nach Jakobus 1,22

Fiona, Elvis und die Lemminge

Fiona die Füchsin lief rasch durch das hohe Gras am Fuße des Berges. Sie war mit Elvis dem Elch verabredet, ihrem besten Freund. Die beiden kannten sich noch aus Schulzeiten. Damals hatten sie in der letzten Reihe mit Stinkmorcheln Dauerpupsen gespielt und damit die streberhaften Rehe verärgert. Einmal hatten sie den Sitzstein von Brigitte Biber, der kurzsichtigen Mathelehrerin, gegen ein Stachelschwein eingetauscht. Aber die hatte so einen harten Po gehabt, dass sie es gar nicht bemerkt hatte. In jedem Fall war es eine lustige Zeit gewesen und die beiden Freunde hielten zusammen wie Harz und Borke.

„Elvis, Elvis!", rief Fiona schon von Weitem. Sie war ganz außer Atem.

„Ich bin ja hier, keine Panik", erwiderte der Elch gutmütig und mümmelte an einem deftigen Batzen Gras.

„Es gibt neue Bewohner am großen Steilufer", japste Fiona aufgeregt.

„Hmhm", sagte Elvis.

„Ja, so kleine wuselige Viecher. Hunderte davon."

„Kleine wuselige Viecher?", fragte Elvis stirnrunzelnd. „Könntest du das vielleicht ein bisschen genauer beschreiben?"

„Na ja", sagte Fiona und kratzte sich mit der Hinterpfote am Kinn. „Sie nennen sich Lemminge und sehen ein bisschen so aus wie Kaninchen, denen ein kurzsichtiger Frisör versehentlich die Ohren abgeschnitten hat. Außerdem buddeln sie wie verrückt Löcher in den Boden und haben irgendwie 'ne kleine Macke."

„Das ist doch nichts Besonderes", erwiderte Elvis freundlich. „Du hast doch auch 'ne kleine Macke."

„Ja, schon", entgegnete Fiona, „aber die haben echt eine voll krasse kleine Macke, verstehst du?"

„Eine voll krasse kleine Macke?", fragte Elvis.

Fiona nickte heftig.

„Ich glaube, die Burschen will ich mal kennenlernen."

„Na, dann komm mit, wir gehen sie besuchen!" Und schon peste Fiona los, dass ihre Haare nur so flogen und sie sich mit der Zunge fast am Hinterkopf kratzen konnte. Elvis hatte große Mühe mitzuhalten, und das, obwohl er viel größer war als seine Freundin. Plötzlich bremste Fiona ihren wilden Lauf mit quietschenden Pfoten ab. „Achtung Steilhang!"

Elvis konnte gerade noch rechtzeitig stoppen, indem er eine kleine Birke rammte. „Puh, das war knapp!", keuchte er und schielte über die zerborstene Birke hinweg in den Abgrund. „Beim nächsten Mal warnst du mich früher!"

„Tut mir leid, aber die Typen haben ihre Tunnel direkt an den Klippen gebaut." Fiona wandte ihren Blick zur Seite. „Guck mal, da sind schon ein paar von ihnen."

Ein wenig verdutzt starrte der große Elch auf drei stämmige Nager, die im Gleichschritt anmarschiert kamen und einander so ähnlich sahen wie eine Kiefernadel der anderen. Ihr Fell war auf dem Rücken bräunlich und etwas heller am Bauch, so als hätten sie sich beim Comiclesen zu lange gesonnt. Doch das Merkwürdigste war, dass sie sich ihre kleinen Ohren grün gefärbt hatten.

„Hi, Jungs", sagte Fiona. „Ich heiße Fiona und das hier ist mein alter Kumpel Elvis. Wer seid ihr denn?"

„Ich bin Lemmi",

„Ich bin Lommi",

„Und ich heiße Lammi", erwiderten die drei.

„Oh, seid ihr Geschwister?", fragte Fiona.

„Nö", sagte Lemmi. „Lommi ist mein Cousin, also der Sohn von meinem Onkel Lummi und meiner Tante Limmi. Und Lommi hier ist der Schwippschwager vom angeheirateten Vetter meiner Tante Lümmi, die wiederum die Schwester von –"

„Äh, schon gut", unterbrach Fiona, „so genau wollt ich's gar nicht wissen."

„Was hat euch eigentlich hierher verschlagen?", erkundigte sich Elvis.

„Wer hat wen geschlagen?", fragte Lommi (das heißt, vielleicht war's auch Lammi… Lemmi war's jedenfalls nicht).

„Er will wissen, warum ihr hierhergezogen seid", erklärte Fiona.

„Ach so, na sag das doch gleich. Also, warum sind wir hier?" Er kratzte sich an den Ohren. „Tja, keine Ahnung, die anderen sind losgezogen und wir hinterher."

„Ihr seid einfach so losgezogen?", fragte Fiona verblüfft.

„Ja, das machen wir immer so", erwiderte Lemmi… äh Lammi.

„Ich will euch ja nicht zu nahe treten, aber warum habt ihr alle grün gefärbte Ohren?", fragte

Elvis und kratzte sich mit dem Geweih die linke Schulter.

„Ha!", erwiderte Lemmi. „Die entscheidende Frage ist doch eher, warum ihr keine grün gefärbten Ohren habt. Ist euch das nicht ein bisschen peinlich?"

„Peinlich? Wieso peinlich?", fragte Elvis und kratzte sich verwirrt mit dem Geweih nun die rechte Schulter.

„O Mann, ich glaub's nicht. Ihr habt echt überhaupt keine Ahnung", bemerkte Lammi ein wenig herablassend, während die anderen beiden hinter vorgehaltenen Pfoten kicherten. „Naturfarbene Ohren sind total out! Grün ist mega-in. Kapiert?"

„Häh?", machte Fiona.

Lommi hüpfte vor und zupfte der verdutzten Füchsin am Ohr. „Rotbraun ist Flop, grün ist Top. Hat's geschnackelt?"

Fiona sah Elvis an. Elvis sah Fiona an. Wenn man ganz genau hinguckte, konnte man sehen, wie kleine Gedankenfragezeichen von ihren Gehirnen langsam in den blauen Himmel stiegen.

„Sagt mal", fragte Lommi (es könnte auch Lemmi gewesen sein). „Wo habt ihr eigentlich eure Wohntunnel?"

„Mein Bau ist dort drüben", erwiderte Fiona und deutete mit dem Kopf in Richtung Tal.

„Und ich habe weder einen Wohntunnel noch einen Bau", meinte Elvis.

„Was?", riefen die drei wie aus einem Munde. Dann betrachteten sie den Elch von oben bis unten. „Sag mal, so ganz normal bist du nicht, oder?"

„Also, bis jetzt habe ich mich nicht für unnormal gehalten", erwiderte Elvis ein bisschen beleidigt.

Die drei stemmten die Pfoten in die Hüften und fingen an, miteinander zu tuscheln:

„O Mann, wo sind wir denn hier gelandet?"

„Das sind ja voll die Primitiven hier."

„Die haben ja überhaupt keine Ahnung."

„Wahrscheinlich fressen die ihr Gras noch ohne Petersilie."

„Ist ja ein Wunder, dass die überhaupt sprechen können."

„Du Fiona", zischte Elvis seiner Freundin aus dem rechten Mundwinkel zu. „Habe ich irgendetwas Entscheidendes verpasst? Schlafen Elche jetzt in Wohntunneln?"

Fiona wisperte aus dem linken Mundwinkel zurück: „Wer oder was ist Petersilie?"

Lommi sagte gerade ziemlich überheblich zu Lemmi: „Bei der Rotfüchsin ist ja noch nicht alles verloren, die hat immerhin eine Ahnung davon, wie man heutzutage wohnt, aber bei dem Großen mit den dicken Ästen auf dem Kopf ist, glaube ich, nichts mehr zu machen. Der ist komplett von übervorgestern."

„He!", rief Elvis empört. „Das habe ich gehört!" Dann meinte er zu Fiona: „Sehr höflich sind die aber nicht!"

Plötzlich wurde es immer unruhiger im Lemmingedorf. Rufe wurden laut: „Achtung, es geht weiter. Alle bereit machen!"

„Oh", sagte Lommi, „wir müssen aufbrechen."

„Aufbrechen?", fragte Elvis entgeistert. „Aber ihr seid doch gerade erst angekommen."

„Na und?", erwiderte Lammi (ich bin mir jedenfalls ziemlich sicher, dass es Lammi war). „Du siehst doch, dass sich alle bereit machen."

„Aber warum?", fragte Fiona.

„O Mann, ihr seid aber wirklich schwer von Begriff", seufzte Lommi. „Wir brechen auf, weil alle aufbrechen, ist doch sonnenklar!"

„Ach, ist es das?", murmelte Elvis und starrte den Lemming an, als wäre der ein jodelndes Radieschen.

„Abmarsch!", rief einer der Lemminge.

„Abmarsch!", antworteten die anderen. Und dann – Fiona und Elvis wollten ihren Augen nicht trauen – rannte die ganze Horde auf den Abgrund zu und stürzte sich einer nach dem anderen in die Tiefe.

„Ja... ja, spinnen die denn?", keuchte Fiona.

Hastig liefen die beiden Freunde an den Rand der Klippe und sahen zu, wie die ganze Meute von Lemmingen immer kleiner wurde und schließlich winzige weiße Schaumkronen hinterließen, als sie in einen Fluss platschten. Kurz darauf sah man lauter kleine Punkte mal rechts und mal links in Richtung Ufer schwimmen.

Mit offenen Mäulern starrten die beiden Freunde den Lemmingen hinterher.

„Hm", brummte Elvis, als nichts mehr von den kleinen Nagern zu sehen war.

„Hm", erwiderte Fiona.

Gemeinsam machten sie sich an den Abstieg. Nach einer Weile fragte Fiona zaghaft: „Meinst du, grün gefärbte Ohren würden mir stehen?"

„Na klar", erwiderte Elvis.

Fiona kratzte sich nachdenklich am Kinn, dann trabte sie weiter. „Ich frage mich, wo die Typen die Farbe herhaben."

Eine Weile lief sie grübelnd neben Elvis her.

Dann fragte dieser liebenswürdig: „Fiona, würdest du mir einen Gefallen tun?"

„Logisch", meinte Fiona.

„Hilfst du mir, einen Wohntunnel zu graben?"

„Wohntunnel? Für dich?" Fiona sah ihren Freund schräg von der Seite an. „Sag mal, bist du völlig übergeschnappt?"

„Nö", grinste Elvis, „aber wenn meine beste Freundin sich die Ohren grün färben will, dann muss ich ja auch irgendwie mit der Mode gehen."

Nun musste auch Fiona grinsen. „Blödelch", meinte sie freundlich und knuffte ihren Freund in die Seite.

„Blödfuchs." Elvis knuffte zurück und Fiona flog in die Büsche. „Grün gefärbte Ohren… also wirklich", schnaufte er.

„Gib es zu, du hast auch kurz daran gedacht, dir die Ohren zu färben", meinte Fiona und zwickte Elvis in den Po.

„Hab ich nicht", brummte Elvis und pupste.

„Hast du doch."

„Hab ich nicht."

Und so ging es noch eine ganze Weile weiter. Denn Fiona und Elvis waren zwar gute Freunde, aber sie hatten eben auch irgendwie eine kleine Macke.

Gott hat uns eine Grundregel gegeben.

Sie lautet: „Liebe deinen Mitmenschen, so wie du dich selbst liebst, und handle so, wie du behandelt werden möchtest! Wer das macht, geht mit anderen Menschen so um, wie Gott es sich gedacht hat. Wenn wir aber anfangen, auf andere herabzusehen, weil sie uncoole Klamotten tragen, ein bisschen komisch aussehen oder einfach nur anders sind als wir, handeln wir unfair und haben schon gegen diese Grundregel verstoßen.

Nach Jakobus 2,8-9

Enno und der lebensgefährliche Lebensrettungsplan

Enno war ein ganz besonderes Entenküken. Er war nämlich außerordentlich begabt darin, sich Sorgen zu machen.

Das war schon vor seiner Geburt so, also als er noch in seinem Ei kauerte. Alle seine Geschwister waren längst geschlüpft und watschelten aufgeregt schnatternd durch die Gegend, aber Enno weigerte sich, sein Ei zu verlassen. „Viel zu gefährlich!", piepte er.

Als seine Eierschale den ersten Riss bekam, versuchte Enno noch, sie von innen mit etwas Spucke und Eiweiß zu reparieren. Aber irgendwann funktionierte das nicht mehr.

Eines Morgens hörte man ein lautes Knacken. „Oh nein!", piepte es durch die Schale hindurch. Ein zweiter, noch größerer Riss zeigte sich in der Eierschale. „Ich brauche mehr Eiweiß!", hörte man eine panische Stimme. Dann krabbelte und kratzte es in dem Ei, als würde jemand darin akrobatische Übungen vollziehen. Es knackte wieder. „Mist!", schimpfte es aus dem Ei heraus.

Inzwischen hatten sich alle anderen Küken und die Eltern um das zappelnde Ei versammelt. Man konnte hören, wie jemand geräuschvoll Spucke sammelte. Doch kaum hatte das kleine Küken mit der Reparatur begonnen, knackte es erneut, und das Ei brach auseinander.

Ein verdutzt dreinschauendes Entenküken mit verklebten Federn und einem Rest Eierschale auf dem Kopf blinzelte unglücklich in die aufgehende Sonne.

„Herzlichen Glückwunsch zum Geburtstag, Enno!", rief die ganze Familie im Chor.

„Mist!", brummelte Enno.

*

Die Tage zogen ins Land und Enno wuchs heran. Während seine Geschwister fröhlich schnatternd die Welt erkundeten, blieb Enno lieber im Nest sitzen oder versteckte sich hinter altem Schilf und ausgerupften Kleeblättern. „Die Eichelhäher haben überall ihre Späher", murmelte er zur Erklärung.

„Du brauchst keine Angst zu haben", erklärte ihm sein Vater wohl zum hundertsten Mal. „Es gibt so viele tolle Sachen zu entdecken, und ich bin bei dir, ich passe auf dich auf. Komm mit!"

„Lieber nicht", erwiderte Enno.

„Vertraust du mir nicht?", fragte sein Papa ein bisschen traurig.

„Doch, schon", erwiderte Enno, „aber du musst ja außerdem noch auf Ella, Emil, Elisabeth, Erna und Egon aufpassen. Was wäre, wenn du dir den Fuß verstauchst und gleichzeitig zwei Nebelkrähen auftauchen…? Was da alles passieren kann! Nein, nein, da bleib ich lieber hier."

Der Papa zog die Stirnfedern kraus. „Du wirst nicht lernen, was du zum Leben brauchst, wenn du dich die ganze Zeit hier versteckst."

„Vielleicht", murmelte Enno, „aber ich lerne es erst recht nicht, wenn mich eine Krähe zum Frühstück verspeist." Dann verkrümelte er sich hinter einem großen Kastanienblatt und ließ seinen verblüfften Papa einfach stehen.

Eines Tages dann begann die Sache etwas aus dem Ruder zu laufen. Der Entenpapa rief alle seine Kinder zu sich und sagte: „Schaut mal alle eure Füße an. Fällt euch etwas auf?"

„Ich habe Plattfüße", bemerkte Ella stirnrunzelnd.

„Meine Füße sind viel größer als die von Egon!", rief Emil.

„Ich habe gar keinen Fußring", stellte Elisabeth fest. „Neulich habe ich bei einer weißen Taube einen wundervollen silbernen Fußring gesehen. Kann ich auch so einen haben?", fragte sie mit mädchenhaftem Augenaufschlag.

Der Entenpapa stieß einen langen, tiefen Seufzer aus. Dann versuchte er geduldig zu lächeln und sagte: „Jetzt guckt doch mal genau hin, Kinder. Fällt euch denn gar nicht auf, dass unsere Füße ganz anders aussehen als die von Tauben, Spatzen und Krähen?"

„Na ja…", brummte Egon und glotzte auf seine Füße wie ein kurzsichtiger Biber auf seine Holzrechnung. „Eigentlich…"

„Wir haben da viel mehr Haut zwischen den Krallen", rief Erna.

„Richtig!", jubelte der Papa.

„Au Backe, wir haben eine gefährliche Hautkrankheit!", kreischte Enno, „ich hab schon immer gewusst, dass mit uns etwas nicht stimmt…"

„Enno!", rief der Entenpapa mit einem Anflug von Verzweiflung in der Stimme. „Alle Enten sehen so aus wie wir. Wir haben Schwimmhäute an den Füßen! Und das hat auch seinen Grund. Wir sind nämlich die geborenen Schwimmer."

„Aha", sagte Emil. „Und was heißt das?"

„Kommt, wir gehen zusammen ins Wasser, dann zeige ich es euch!"

Ennos Augen waren angstgeweitet: „Ich geh da nicht rein!" Panisch schüttelte er den Kopf.

„Das Wasser ist für uns Enten nicht gefährlich", versuchte ihn sein Papa zu beruhigen. „Im Gegenteil. Kommt."

Er watschelte voraus, und seine Kinder folgten ihm. Enno war der Letzte. Einen halben Meter vor dem Ufer des Sees machte er Halt. Das Wasser wirkte eigentlich ganz harmlos, trotzdem hatte Enno das Gefühl, dass es ihn tückisch beobachtete, als warte es nur darauf, ihn zu verschlingen. „Ich geh keinen Schritt weiter!", verkündete er.

„Dir wird nichts passieren", beruhigte ihn sein Vater. „Ich bin bei dir und wir bleiben ganz dicht am Ufer."

„Ich bin schon ganz dicht am Ufer", erwiderte Enno.

„Ja", seufzte Papa, „aber auf der falschen Seite. So, Kinder, guckt einfach zu, ich zeige euch, wie es geht." Mit diesen Worten hüpfte er ins Wasser und schwamm, als sei es das Natürlichste auf der Welt. „Kommt!", rief er.

Elisabeth folgte ihm und schnatterte vergnügt, als sie feststellte, dass das Wasser sie tatsächlich trug. Emil kam gleich hinterher und die anderen Geschwister drängelten sich dicht hinter ihm.

Enno nutzte die Gelegenheit zur Flucht. Er spurtete die Uferböschung hinauf und verschwand im Schilf, ehe sein Vater aus dem Wasser heraus war. Schwer atmend versteckte er sich hinter einem Stein und murmelte leise: „Ich mach das nicht. Ich bin doch nicht lebensmüde. Bestimmt werde ich untergehen wie ein Kieselstein. Außerdem werden meine Federn nass und ich werde ganz krank, und dann werden mich die anderen im Stich lassen, weil sie Angst haben, sich anzustecken. So wird's noch kommen. Ich geh da nicht rein, auf keinen Fall."

„Ich würde es auch nicht machen", brummte auf einmal der Stein.

Enno kreischte erschrocken auf, machte ein paar Schritte rückwärts, stolperte über eine Wurzel und landete auf seinem Popo.

Ein faltiger Kopf kam aus dem Stein hervor und zwei gutmütige Augen blinzelten Enno freundlich zu. „Entschuldige, Kleiner, ich wollte dich nicht erschrecken. Ich bin Larissa die Landschildkröte."

Die Schildkröte zupfte an einem Blatt und begann, behaglich zu mümmeln. Sie sah eigentlich ganz harmlos aus.

Enno kam zaghaft ein paar Schritte näher. „Bist du gefährlich?", fragte er vorsichtig.

„Nur für Löwenzahn und Feldsalat", erwiderte die Schildkröte freundlich. „Ich bin Vegetarierin. Wie heißt du denn?"

„Ich bin Enno", stellte er sich vor. „Warum siehst du aus wie ein Stein?"

„Das ist mein Panzer", erwiderte Larissa. „Wenn die Lage irgendwie gefährlich aussieht, ziehe ich einfach Kopf und Beine ein und warte ab, bis die Luft wieder rein ist."

„Toll", staunte Enno. „So einen Panzer hätte ich auch gerne."

„Ich find's auch ziemlich cool", erwiderte Larissa.

„Mein Vater will, dass ich schwimmen lerne, aber ich finde das viel zu gefährlich", erklärte Enno. „Da kann ja alles Mögliche passieren!"

„Da stimme ich dir zu", erwiderte die Schildkröte. „Man kann nie vorsichtig genug sein. Vielleicht ist das Wasser sowieso nicht das Richtige für dich. Bei uns gibt es ja auch *Land*schildkröten und *Wasser*schildkröten. Möglicherweise ist es bei euch ähnlich. Kann ja sein, dass du eine *Land*ente bist und keine *Wasser*ente."

„Hm, schon möglich, dass ich eine Ausnahme bin." Enno kratzte sich mit dem linken Fuß nachdenklich am Pürzel. „Aber andererseits fühle ich mich auch nicht besonders sicher, wenn ich ganz alleine an Land bleibe und alle anderen schwimmen. Was ist zum Beispiel, wenn ein hungriger Marder kommt? Alle anderen können sich ins Wasser retten. Aber an Land hätte ich keine Chance!"

„Das ist wahr", bestätigte die Schildkröte mitfühlend. „Außerdem kann es sein, dass eine Hungersnot ausbricht und das Futter an Land zur Neige geht", meinte sie. „Dann können die anderen Enten sich im Wasser ernähren und du wirst vor Hunger schreckliche Bauchschmerzen bekommen."

Enno nickte. „Es könnte auch eine riesige Überflutung geben, weil ein Staudamm bricht. Dann muss man schwimmen können, um zu überleben."

„Gibt es hier in der Nähe einen Staudamm?", fragte Larissa überrascht.

„Keine Ahnung, aber man kann ja nie wissen. Wahrscheinlich lauern die Dinger überall."

Larissa erschauderte. „Jetzt, wo du es sagst…" Sie schüttelte den Kopf und seufzte. „Man lebt einfach viel zu sorglos in den Tag hinein."

„Das stimmt", bestätigte Enno. Dann begann er, grübelnd auf und ab zu watscheln. „Was mach ich denn jetzt bloß?"

„Was immer du tust, sei vorsichtig", mahnte Larissa. „In jedem Fall sollte man auf alle Gefahren vorbereitet sein und immer ein paar zusätzliche Sicherheiten einbauen."

„Hm." Enno kratzte sich nachdenklich am Schnabel. „Würdest du mir helfen?"

„Selbstverständlich", erwiderte die Schildkröte, „sofern das Ganze nicht gefährlich ist."

„Prima, aber zuerst muss ich ein paar Berechnungen machen. Bis bald!" Voller Tatendrang watschelte Enno zurück. Inzwischen war es schon recht spät geworden und die ganze Familie war längst wieder zu Hause. Als er zufrieden grinsend am Nest anlangte, musste er sich erst einmal eine ordentliche Standpauke seiner Eltern anhören: „Wo warst du die ganze Zeit?", riefen sie. „Wir haben uns große Sorgen um dich gemacht."

„Ich mir auch", erwiderte Enno wahrheitsgemäß.

„Enno, so geht das nicht", sagte seine Mama ernst. „Vor lauter Angst bringst du dich selbst noch in Gefahr."

„Außerdem bist du zum Schwimmen geboren", ergänzte Papa. „Enno, du brauchst dir überhaupt keine Gedanken zu machen. Du wärst der erste Entenjunge der Welt, der beim Schwimmen untergeht."

„Einer ist immer der Erste", erwiderte Enno mit düsterer Stimme.

Die Entenmutter legte den Kopf auf die Schulter ihres Mannes und gab seltsame Geräusche von sich, die nicht gerade danach klangen, als wäre sie spitze drauf.

Papa tätschelte ihr den Rücken. „Ganz ruhig, Schätzchen, ganz ruhig. Wir schaffen das. Gemeinsam schaffen wir das."

„Okay, ich wäre ja bereit, schwimmen zu lernen", sagte Enno. „Aber erst nach einer gründlichen Überprüfung aller möglichen Gefahren und einigen zusätzlichen Absicherungen."

„Überprüfung aller Gefahren?" Die Mama starrte ihren Sohn an.

„Zusätzliche Absicherungen?" Ennos Papa runzelte die Stirnfedern, so stark, dass er fusselte.

„Gebt mir eine halbe Woche."

Die Eltern sahen erst einander an, dann Enno. Schließlich nickten sie seufzend.

In den nächsten Tagen legte Enno einen ungeheuren Tatendrang an den Tag. Getarnt mit einem großen Ahornblatt, das er sich auf den Kopf geklebt hatte, flitzte er durch die Gegend, sammelte Informationen, kritzelte in seinem Eichenblattnotizbuch herum und befragte verschiedene Wassertiere ausführlich zu ihren Schwimmerfahrungen, unter anderem einen Laubfrosch und einen Wasserkäfer. Zudem bastelte er irgendetwas aus Birkenrinde und Schilf und schrieb eine Menge Briefe an verschiedene Versicherungen und den Seenotrettungsverein.

Kopfschüttelnd sahen ihm seine Entengeschwister zu.

Schließlich, dreieinhalb Tage später, schlich er sich am frühen Morgen vor Sonnenaufgang aus dem Nest. Die Menge an Ausrüstung, die er mit sich herumschleppte, ließ seine Kniegelenke knirschen.

Beim Fliegenpilz an der alten Tanne traf er dann Larissa, die ihm verschlafen entgegenblinzelte.

„Einen ruhigen und sicheren Morgen wünsche ich dir."

„Dir ebenso", schnaufte Enno. „Kannst du mich zu der Stelle führen, von der du mir erzählt hast?"

„Klar", erwiderte Larissa. „Ich flitze schon mal vor." Im Tempo einer altersschwachen Weinbergschnecke schlurfte die Schildkröte zu einer abgelegenen, schlammigen Bucht. Indessen brach Enno unter seinem Gepäck fast zusammen.

Endlich waren sie da.

„Hier?", fragte Enno keuchend.

Larissa nickte: „Alle sind sich darin einig, dass an dieser Stelle noch nie jemand ertrunken ist, und das seit Schildkrötengedenken – was ganz schön lange ist."

„Ausgezeichnet." Ächzend warf Enno die Last von seinem Rücken und drückte Larissa ein voll beschriebenes Blatt mit Gebrauchsanweisungen unter den Fuß. „Hier, ich habe verschiedene Experten zu den sichersten Schwimmmethoden befragt und alles aufgeschrieben. Du kannst dich schon mal mit den Bewegungsabläufen vertraut machen, damit du mir helfen kannst, wenn ich in Panik gerate."

„Ich werd's versuchen", sagte Larissa, wobei sie nicht allzu viel Zuversicht ausstrahlte.

„Seit gestern bin ich übrigens Mitglied im Seenotrettungsverein", sagte Enno, während er sich an seiner Ausrüstung zu schaffen machte. „Außerdem habe ich eine spezielle Unfallversicherung und eine Lebensversicherung abgeschlossen."

„Das klingt sehr vernünftig", erwiderte Larissa. „Warum mussten wir uns eigentlich so früh treffen?"

„Ich habe mich genau erkundigt, um diese Uhrzeit ist noch nie jemand ertrunken", erwiderte Enno und band sich seine selbst geschnitzten Schwimmflügel aus Birkenrinde um. Anschließend befestigte er ein Rettungsseil um seinen Brustkorb und band es an einer dicken Wurzel fest. „Damit mich die Strömung nicht auf den offenen See treibt", erklärte er.

„Hier gibt es Strömungen?", fragte Larissa und starrte auf die spiegelglatte Wasseroberfläche, über der ein paar verschlafene Mücken schwirrten.

„Man weiß nie, ob hier nicht gefährliche Unterströmungen auftreten können", meinte Enno und band sich seine Schwimmflossen aus doppelt genähten Lindenblättern um die Fußgelenke. Zuletzt schlüpfte er noch in den Rettungsring aus harzigen

Fichtenrindenstücken. „Fertig", verkündete er mit besorgter Miene.

„Wie fühlst du dich?", fragte Larissa.

„Ich bin ausgesprochen beunruhigt", erwiderte Enno und kontrollierte zur Sicherheit noch einmal sein gesamtes Material.

„Ich mache mir auch große Sorgen", meinte die Schildkröte. „Willst du es nicht doch lieber lassen?"

„Eigentlich schon, aber ich habe ja nur die Wahl zwischen Federpocken und Vogelgrippe, wie man so sagt. Wenn ich nicht schwimmen lerne, gehe ich wahrscheinlich ein noch höheres Risiko ein. Also, los geht's."

Ungeschickt watschelte Enno ins Wasser. Er kam nur schwer voran und der Boden machte seltsam schmatzende Geräusche, denn leider war der Untergrund des Sees hier sehr matschig und zudem war alles dicht mit Algen bewachsen. Das war übrigens auch der Grund, weshalb an dieser Stelle noch niemand ertrunken war: Hier ging einfach niemand baden! Das hatte Enno bei seinen Überlegungen leider nicht bedacht.

Schließlich reichte ihm das brackige Wasser bis zum Schwimmgürtel. „Und jetzt?", fragte er Larissa.

Larissa warf noch einmal einen Blick auf Ennos Aufzeichnungen. „Jetzt musst du dich durch rhythmische Flossenbewegungen über Wasser halten, sofern der Frosch sich nicht irrt."

„Rhythmische Bewegungen... okay", sagte Enno und platschte ungeschickt mit seinen viel zu großen Flossen umher. Und dann nahm das Unglück seinen Lauf. Eine der beiden Lindenblätterflossen blieb in dem dichten Algenteppich, der den Seeboden bedeckte, hängen. Während Enno sich hektisch zu befreien versuchte, sog sich der löchrige Rettungsring voll Wasser und zog Enno nach unten. Hektisch fuchtelte er mit den Flügeln herum. Dabei verhakte sich sein linker Schwimmflügel in einer Seerose und er bekam Schlagseite. „Larissa!", schrie er. „Was soll ich tun?"

Die Schildkröte blätterte panisch in den Notizen. „Äh, warte... Ich hab's gleich... Moment... Hier! Der Wasserkäfer empfiehlt, alle verfügbaren Gliedmaßen weit auszustrecken und die Oberflächenspannung zu nutzen. Dann trägt dich das Wasser!"

Enno streckte alle viere von sich – und ging unter. Als er hektisch strampelnd wieder auftauchte, hatte sich durch sein Herumgezappel das Rettungsseil um seinen Hals gelegt und schnürte ihm die Luft ab. „Hilfe!", krächzte er.

Larissa kroch panisch auf und ab: „Alarm!", rief sie. „Ente in Seenot!"

Ennos rechte Lindenblattflosse hatte sich nun auch noch in seinem linken Schwimmflügel verhakt. Er war inzwischen so verknotet, dass er sich kaum noch bewegen konnte.

„HILFE!", kreischte Larissa.

„Chiiilkrs", machte Enno.

Der Lärm hatte inzwischen auch Ennos Vater geweckt. Er kam herangestürmt wie ein Speedhubschrauber mit Zusatzturbo. „Enno!", rief er und hechtete ins Wasser.

Mit einem mächtigen Ruck seines Schnabels riss er das Rettungsseil entzwei, das für Enno zur gefährlichen Falle geworden war. Mit einer Flosse hielt der Entenvater seinen Sohn über Wasser, während er mit seinem Schnabel dessen gesamte Ausrüstung in kleine Einzelteile zerlegte. Schließlich waren die beiden umgeben von Trümmerteilen. Der zerzauste kleine Enno schmiegte sich dicht an seinen Vater, und dieser schwamm langsam auf den See hinaus.

„Dem Himmel sei Dank", seufzte Larissa und setzte sich auf einen Stein, um ihr wild schlagendes Herz zu beruhigen.

Am Horizont ging die Sonne auf und das Morgenlicht glitzerte hell und warm auf dem Wasser.

„Enno", sagte der Entenpapa leise.

„Ja?"

„Du schwimmst."

„Was?!" Erschrocken blickte Enno auf. Als er feststellte, dass er sich inzwischen mitten auf dem See befand, wäre er in einem Moment der Panik beinahe untergegangen. Dann jedoch nahm er die unbewussten Bewegungen wieder auf und schwamm aufgeregt und glücklich neben seinem Papa eine Runde über den See.

„Hurra!", rief Larissa ein wenig atemlos vom Ufer aus. Und gleich darauf versammelte sich die ganze Entenfamilie, um Enno zu applaudieren.

„Ich kann schwimmen", verkündete Enno begeistert.

„Ich habe es dir doch gesagt", meinte sein Papa und strahlte. Nach einer Weile fragte er: „Und, hast du etwas daraus gelernt?"

„Klar", erwiderte Enno, „beim nächsten Mal nehme ich Buchenborke für den Schwimmreifen und knüpfe das Rettungsseil doppelt so stark."

„Was?!"

„War nur ein Scherz", grinste Enno.

„So, so", brummte der Entenpapa. Dann piekte er Enno in die Seite. Die kleine Ente quiekte erschrocken und begann dann mit dem Flügel Wasser in das Gesicht seines Vaters zu spritzen.

Kichernd und planschend schwammen die beiden zurück zum Ufer.

Nach diesem Erlebnis war Enno noch immer nicht die wildeste und abenteuerlustigste aller Wildenten. Aber das machte nichts. Denn nun hatte Enno gelernt, dass seine Sorgen nicht immer berechtigt waren und dass er seine Ängste überwinden konnte, wenn es da jemanden gab, dem er wirklich vertrauen konnte.

Lasst nicht zu, dass eure Ängste und Sorgen euch ganz verrückt machen und über euer ganzes Leben bestimmen.

Gott kümmert sich sogar um jeden einzelnen Vogel (auch um die Enten). Meint ihr nicht, dass er sich um euch noch viel mehr kümmern wird? Ihr seid doch seine geliebten Kinder.

Achtet also vor allem darauf, dass ihr Gott vertraut und auf ihn hört. Ihm könnt ihr alles anvertrauen; er wird für euch sorgen. Wahrscheinlich wird er euch nicht jeden Wunsch erfüllen, aber er wird euch das geben, was ihr wirklich braucht.

Nach Matthäus 6,25.26.33

Warum es besser war, dass Pogo nicht fliegen konnte

Langsam und ein wenig traurig wackelte Pogo auf seinen kurzen Stummelbeinchen ans Ufer. Seufzend betrachtete er die Möwen, die in der Ferne lachend ihre tollkühnen Bahnen zogen. Pogo sah an sich herab, betrachtete seine plumpen und, wie es schien, vollkommen nutzlosen Flügel und schüttelte das salzige Meerwasser aus seinem Gefieder. Dann seufzte er noch einmal tief und watschelte weiter den Strand entlang zu seinem Nest.

Pogo war ein Gelbaugenpinguin. Ein besonders prachtvolles Exemplar seiner Art. Doch das munterte ihn momentan überhaupt nicht auf.

„Hey, Pogo, alte Socke", ertönte es plötzlich über ihm. „Ein wunderbarer Tag, nicht wahr?"

Pogo wurde es ganz schwindlig, als er den wilden Kapriolen von Miri der Möwe zu folgen versuchte. Dicht über seinem Kopf sauste sie wie eine wild gewordene Sylvesterrakete über den Strand. Schließlich landete sie elegant dicht neben ihm in einer Pfütze und stieß ihr typisches Möwengelächter aus. „Was ist los, Mann? Freust du dich nicht, mich zu sehen? Ich bin's – Miri, deine beste

Freundin." Die Möwe machte allerlei Faxen, wackelte mit den Schwanzfedern und rollte ihren Bauch wie eine Hula-Hup-Tänzerin.

Um ihr einen Gefallen zu tun, verzog Pogo angestrengt den Schnabel und gab einen krächzenden Laut von sich, von dem er hoffte, dass er einem Lachen nicht gänzlich unähnlich war.

Miri zog die Stirnfedern kraus. „Was soll denn das sein? Soll ich dir mal was sagen, Pogo? Seit Tagen hast du eine Laune wie 'ne seekranke Miesmuschel. Was ist los mit dir? Bist du krank?"

„Nein, nein", meinte Pogo. „Es ist nur ... na ja, du weißt schon, das Übliche."

„Du hast dir den Magen verdorben?", fragte Miri.

„Nein."

„Du hast dir beim Tauchen den Schädel an einem Riff gestoßen?"

„Nein", erwiderte Pogo diesmal schon etwas ungeduldiger.

„Du hast dich in einen Haifisch verliebt?"

„Nein! O Miri, du alte Quatschbirne, hörst du mir denn nie zu? Ich habe doch gesagt, dass ich unter meinem üblichen Problem leide. Sag bloß, du hast vergessen, was mein übliches Problem ist?"

„Nun ja…", druckste Miri und malte mit dem Fuß verlegen Muster in den Sand. „Wenn ich ehrlich bin…"

„O nein!" Pogo verdrehte die Augen. „Und du willst eine Freundin sein?!"

„Nun sei doch nicht so", sagte Miri. „Komm, erzähl's mir. Ich hör dir auch ganz genau zu. Versprochen! Großes Möwenehrenwort."

Pogo seufzte. Dann sagte er: „Also, es ist doch so: Ich bin ein Pinguin, aber…"

„Du bist sogar ein seltener Gelbaugenpinguin", warf Miri aufmunternd ein. „Von euch gibt es nur noch sehr wenige auf der ganzen Welt."

„… ich bin ein Pinguin, aber trotzdem ein Vogel", fuhr Pogo fort, ohne Miris Einwurf zu beachten. „Ich schlüpfte aus einem Ei und wuchs in einem Nest auf. Ich habe Federn und einen Schnabel. Ja, ich habe sogar Flügel. Ich bin eindeutig ein Vogel. Warum also kann ich nicht fliegen?"

„Hm", machte Miri und begann, nachdenklich auf und ab zu gehen, wobei sie die Flügel auf dem Rücken verschränkte, die Augen zusammenkniff und ihre Stirn in Falten legte. Dann hielt sie plötzlich inne und sah Pogo mit einem sehr merkwürdigen Blick an, den sie vermutlich für scharfsinnig hielt. „Du behauptest also, du kannst nicht fliegen. Aber hast du es überhaupt schon richtig ausprobiert?"

„Natürlich", erwiderte Pogo und ließ die Schultern hängen, „aber es klappt nicht."

„Lass mal sehen", forderte Miri ihn auf.

„Hier?!", kreischte Pogo. „In aller Öffentlichkeit?"

„Hab dich nicht so", erwiderte Miri. „Hier ist keine Vogelseele."

Pogo sah sich vorsichtig um. Tatsache, Miri hatte recht. Die anderen Möwen waren weit draußen an der hohen Klippe. Es wäre ihm schweinepeinlich gewesen, wenn ein anderer Vogel ihn bei seinen vergeblichen Versuchen beobachtet hätte. „Na gut, weil du es bist", brummte er. „Hier, sieh her." Er schlug heftig mit den Flügeln. „Nichts passiert."

„In der Tat", erwiderte Miri und kratzte sich am Unterschnabel. „Du hast nicht einen Millimeter abgehoben. Ein schwerer Fall." Im nächsten Moment heiterten sich ihre Züge jedoch wieder auf. „Hey, weißt du was? Heute kommt Albert von seiner Reise zurück. Vielleicht weiß er Rat. Außerdem hat er sicher 'ne Menge erlebt und bestimmt die eine oder andere lustige Geschichte auf Lager. Komm, lass uns zur Klippe gehen und auf ihn warten."

„Gehen… da haben wir es wieder", brummte Pogo. „Ich werde die ganze Strecke mühsam emporkraxeln müssen, während du die Klippen einfach hochfliegst." Dennoch folgte er der Möwe. Es wäre wirklich schön, Albert den Albatros wiederzusehen. Pogo zweifelte allerdings daran, dass Albert lustige Geschichten auf Lager hatte. Er war nicht unbedingt der Typ für… lustige Geschichten.

Als Pogo schwitzend und prustend die Klippe erklommen hatte, erwartete ihn Miri schon ungeduldig. Aufgeregt wies sie mit der Flügelspitze in den grauen Himmel. „Sieh mal, da ist er schon."

Tatsächlich, es war ein imposanter Anblick, wie der schwarz-weiß gefiederte Königsalbatros mit seinen riesigen Flügeln mühelos durch die stürmischen Winde glitt. Pogo spürte einen Stich des Neides in sich. Albert war mit seinen fast drei Metern Flügelspannweite wirklich ein König der Lüfte.

„Huhu, Albert, huhu! Hier sind wir", rief Miri und flatterte aufgeregt auf und ab.

Albert sah sie und flog in einem eleganten Bogen auf sie zu. „Achtung, Landeanflug!", rief er, und es schien Pogo, als wäre da eine Spur Nervosität in seiner Stimme.

Dann plötzlich war Albert ganz nah. Sein Tempo war noch immer erschreckend hoch. „Deckung!", rief er und streckte unbeholfen die Füße aus. Er schlitterte über den Felsen, wobei seine Krallen kreischend über den Boden kratzten wie Fingernägel über eine Tafel. Plötzlich stolperte er über einen Grasbüschel, plumpste auf den Bauch, rutschte weiter, überschlug sich zweimal und blieb schließlich, umgeben von einer Wolke aus Staub und Federn, in einem Busch hängen. Als die Freunde ihn erreichten, hatte er sich mühsam aus dem Gebüsch befreit und faltete umständlich seine riesigen Flügel zusammen.

„Coole Landung, Albi", sagte Miri.

„Hast du dich verletzt?", fragte Pogo besorgt.

Albert schüttelte würdevoll den Kopf. „Ich bin nur ein wenig aus der Übung."

„Das glaub ich gerne", erwiderte Pogo. Schließlich war Albert über ein Jahr lang unterwegs gewesen, ohne ein einziges Mal festen Boden unter den Füßen gehabt zu haben.

„Und, wie war deine Reise so?", fragte Miri. „Hast du tolle Sachen gesehen?"

„Stürmisches Meer und ewiges Eis", erwiderte Albert.

„Äh… Ah ja. Das klingt wirklich aufregend", sagte Miri. „Und ansonsten? Was gab's zum Beispiel so zu essen unterwegs?"

„Fisch", sagte Albert.

So viel zu den lustigen Geschichten, dachte Pogo. Es wäre sicherlich nicht übertrieben, wenn man Albert als wortkarg bezeichnen würde. Aber er war trotzdem ein feiner Kerl.

„So, so", sagte Miri. „Na, da hast du ja 'ne Menge erlebt, nicht wahr? Bei uns war auch so einiges los. Aber zunächst müssen wir hier mal ein Problem klären. Unser Freund Pogo ist ein bisschen traurig. Er ist ein Vogel wie wir. Aber mit dem Fliegen klappt es nicht so. Ich dachte, wir zwei greifen ihm mal ein bisschen unter die Flügel. Als Fluglehrer sozusagen. Was hältst du davon?"

„Hm", machte Albert.

„Also, ich hab mir gedacht, das Problem ist der Auftrieb", fuhr Miri eifrig fort. „Pogos Flügel sind zu schwach, um vom Boden abzuheben. Kein Wunder, ihm fehlt ja die Übung. Daher wäre es am besten, wenn er es erst einmal im Gleitflug probiert. So dürfte im Grunde nichts schiefgehen. Die Klippe hier ist ein idealer Ort. Hier weht ein ordentliches Lüftchen. Da fliegt es sich eigentlich ganz von selbst. Komm mal rüber, Pogo."

Pogo blickte zu Albert hinüber, der die Stirn in nachdenkliche Falten gelegt hatte.

Doch Miri zerrte Pogo am Flügel bis dicht an den Klippenrand, bevor der Albatros etwas sagen konnte. „Hier, sieh mal. Ideale Flugposition."

Pogo schielte über den Abgrund und sah weit unter sich in hundert Meter Tiefe Felsköpfe aus dem Meer herausragen, um die das Wasser schäumte. In diesem Moment erschien ihm das Fliegen auf einmal nicht mehr ganz so erstrebenswert.

„Alles klar, Pogo", sagte Miri, „dann spreiz mal die Flügel."

Zitternd breitete Pogo seine kleinen Flügelchen aus.

„Leicht in die Knie gehen", wies die Möwe ihn an.

Pogo beugte seine Stummelbeinchen und setzte mit dem Po auf den Felsen auf.

„Okay", sagte Miri, die ganz in ihrer neuen Rolle als Fluglehrerin aufging. „Albert, hast du noch irgendwelche Tipps für unseren Neuling?"

„Ich weiß nicht…", setzte der Albatros an, wurde aber sofort wieder von Miri unterbrochen, die begeistert rief: „Na dann los, Pogo. Du musst nur den Absprung wagen. Alles andere ist dann eine Sache des Gefühls."

„M-m-meinst du wirklich?", fragte Pogo nervös.

„Na klar", erwiderte Miri. „Bei mir funktioniert es so bestens. Auf geht's!", rief sie und breitete die Flügel aus.

„Wartet mal", sagte Albert.

„Was ist denn?", fragte Miri ärgerlich und drehte sich um. Dabei vergaß sie leider ihre Flügel wieder einzuklappen, sodass sie Pogo versehentlich einen Stoß auf den Rücken gab. Und während der arme Pogo wie ein hektischer Hubschrauber mit den Flügeln herumfuchtelte, um das Gleichgewicht wiederzufinden, sagte Albert: „Ich fürchte, wir haben das Ganze noch nicht ausreichend…" Bei dem Wort „…durchdacht" verlor Pogo endgültig den Halt und stürzte mit einem jämmerlichen Quieken den Abhang hinab. Er schlug mit den Flügeln, dass die Federn stoben. Aber es nützte nichts. Schwer wie ein Stein sauste er in die Tiefe. *Ich bin der dämlichste Pinguin aller Zeiten*, schoss es ihm durch den Kopf. *Gleich werde ich an diesem Felsen dort zerschmettern!* Pogo schloss die Augen. Er wollte nicht zusehen, wie die Klippen ihn zu Pinguin-Boulette[2] verarbeiteten.

Plötzlich hörte er ein Geräusch über sich. Etwas packte seine Schulter, und er spürte, wie sein Fall gebremst wurde. Zaghaft öffnete er die Augen. Er sauste nur wenige Zentimeter an den herausragenden Felsen vorbei und über das brodelnde Wasser. Dann wurde er sanft emporgetragen.

Es war Albert, der ihn im letzten Moment gerettet hatte. Miri war dicht bei ihm.

„Vielleicht ist es unser Fehler", sagte Albert, der geschickt die Winde nutzte und mit Pogo höher und höher flog. „Vielleicht ist es gar nicht deine Bestimmung zu fliegen."

---
2 Manche würden auch Pinguin-Frikadelle sagen.

„Tut mir leid, Pogo", sagte Miri zaghaft und flatterte ungewöhnlich still neben dem Albatros her.

„Aber... aber es ist wunderschön", sagte Pogo. Der nun, getragen von den Flügeln des Albatrosses, wie ein Gleitschirmflieger über das Wasser segelte. Langsam kamen sie der Klippe näher und näher. Verwundert beobachtete Pogo, dass sich die ganze Möwenkolonie, die dort nistete, in heller Aufregung befand. Zuerst fühlte er sich ein bisschen geschmeichelt, weil er dachte, sie würden seine Rettung bejubeln. Doch dann erkannte er, dass sie überhaupt nicht jubelten und dass es auch gar nicht um ihn ging.

„Der Dieb, der Dieb", kreischte eine aufgeregte Möwendame. „Er hat mein Ei gestohlen!"

„Ein Frettchen!", keuchte Miri entsetzt.

Tatsächlich hüpfte der freche Räuber mit einem Ei im Maul von Fels zu Fels und versuchte, den aufgeregten Vögeln zu entkommen. Im Team stürzten sich die Möwen auf ihn. Da wurde dem Frettchen die Sache offenbar zu heiß und es ließ seine Beute fallen. Unter dem entsetzten Aufschrei der Möwen sah man das Ei die Klippen hinabstürzen und in den tosenden Wellen des Meeres verschwinden.

„O nein", stöhnte Miri. „Es ist verloren."

In diesem Moment fasste Pogo einen Entschluss.

„Geh tiefer", sagte er zu Albert.

„Bist du sicher?", fragte der mächtige Albatros.

„Ja. Setz mich dort drüben ab."

„Es ist gefährlich hier", sagte Albert ernst. „Es wimmelt hier von Seeleoparden."

„Ich werde aufpassen", erwiderte Pogo entschlossen. „Und jetzt lass mich einfach fallen."

Albert tat wie geheißen. Einen Augenblick lang flog Pogo durch die Luft. Dann landete er mit dem Kopf voran in den aufgewühlten Fluten. Eben noch hatte er sich wie ein nutzloser Stein gefühlt, aber nun war alles anders, denn das Wasser war sein Element. Blitzschnell tauchte er um den Felsen herum und spähte auf dem Grund des Meeres nach dem Ei.

In der Ferne konnte er etwas weiß blinken sehen. Rasch tauchte er tiefer. Aus den Augenwinkeln heraus bemerkte er einen Schatten, der sich ihm schnell näherte. Ein Seeleopard hatte die Witterung aufgenommen.

Pogo schwamm schneller. Der Kerl würde ihn nicht aufhalten. Eben war ihm das Leben gerettet worden. Nun würde auch er ein Leben retten. Er wich blitzschnell zur Seite, tauchte tiefer und sauste durch einen schmalen Felsspalt. Den Seeleopard hatte er damit erst einmal abgehängt. Doch wo war jetzt das Ei? Pfeilschnell fegte er durch das Wasser. Dann sah er es wieder. Rasch schwamm er darauf zu.

Mist! Ein anderer Seeleopard hatte ihn entdeckt und kam auf ihn zu. Albert hatte recht, hier wimmelte es tatsächlich von diesen Mistkerlen. Doch Pogo hatte nicht vor, sich abschrecken zu lassen. Diesmal nicht. Wie ein Torpedo sauste er durchs Wasser und packte das Ei mit den Krallen. Dann machte er eine rasche Wendung. Der heranstürmende Seeleopard schluckte Schlamm, als er, anstatt den Pinguin zu erwischen, auf dem Meeresboden landete.

Pogo brauchte all sein Geschick, um den Jägern zu entkommen. Aber schließlich gelang es ihm. Atemlos und zerzaust erreichte er den kleinen Strand ganz in der Nähe der großen Klippe.

„Geschafft", keuchte er.

Er wurde von tosendem Beifall empfangen. Hunderte von Möwen jubelten und klatschten mit den Flügeln. „Danke, danke", schluchzte die erleichterte Möwenmutter unter Tränen und nahm vorsichtig ihr Ei wieder an sich.

Aufgeregt flatterte Miri zu ihm hinüber. „Pogo, du bist der Beste!", rief sie.

Eine Sandwolke wirbelte auf, und erschrockene Möwen hüpften kreischend beiseite, als Albert mit einer dreifachen Rolle und einer ungewollten Schnabelbremse auf dem Strand landete. Würdevoll schüttelte er den Sand aus seinem Gefieder und kam näher.

„Vielleicht ist es gar nicht so schlimm, dass du nicht fliegen kannst", sagte Miri und zeigte ihr Möwengrinsen, während sie Pogo mit dem Flügel in die Seite knuffte.

„Wie es scheint, hast du nun deine Bestimmung entdeckt", sagte Albert und schmunzelte, so wie ein Königsalbatros eben schmunzelt.

„Vielleicht habt ihr recht", meinte Pogo. „Ich gebe zu, fliegen ist wirklich toll. Aber tauchen..." Er lächelte seine Freunde an, wie nur ein Gelbaugenpinguin lächeln kann. „Tauchen ist auch nicht schlecht, nicht wahr?"

Der Apostel Paulus schreibt an die Christen in Korinth und erklärt ihnen, wie Gott sich das mit seinen Leuten gedacht hat:

„Gottes Leute bilden eine Gemeinde, und sie passen dabei so zusammen, wie die verschiedenen Teile eines Körpers zusammenpassen. Sie sind sehr viele und auch sehr unterschiedlich und doch gehören sie zusammen. Denn jeder Körper besteht ja aus vielen sehr unterschiedlichen Körperteilen und nicht nur aus einem einzigen. Angenommen, ein Fuß könnte sprechen und er würde zu den anderen Körperteilen sagen: „Ey, Leute, ich gehöre ja gar nicht zu euch, weil ich keine Hand bin!", dann würden die anderen Körperteile wahrscheinlich sagen: „Junge, erzähl nicht so'n Blödsinn. Natürlich gehörst du zu uns. Wir brauchen dich hier." Na, und was meint ihr, was das Ohr zu hören kriegen würde, das behauptete: „Ich gehöre nicht dazu, weil ich kein Auge bin." Meine Güte, wo kämen wir denn hin, wenn der ganze Körper nur aus Augen bestehen würde? Das würde erstens ziemlich ekelig aussehen, und zweitens könnte man nicht mehr hören, schmecken oder riechen, sondern nur noch gucken. Und wie das Ganze mit einem Körper ausgehen würde, der nur aus Ohren bestünde, könnt ihr euch sicher auch vorstellen.

Deshalb hat Gott, der sich den Körper ausgedacht hat, jedem einzelnen Körperteil seine besondere Aufgabe gegeben, so wie er es wollte.

An diesem Beispiel wollte ich euch erklären: Ihr alle gehört zusammen, ihr seid eine Gemeinde, sozusagen der Körper von Jesus, und jeder Einzelne von euch gehört als ein ganz besonderer Teil dazu.

Nach 1. Korinther 12,12;14-18;27

Onkel Benedikts Vermächtnis

Überrascht schob Bodo der Borkenkäfer seine Eichenmehlsuppe beiseite, als jemand laut an seine Borkenbude klopfte. „Nanu", brummte er und öffnete die Tür, um nachzusehen, wer ihn so früh am Morgen störte.

„Hallöchen, hallöchen. Ich habe hier einen Brief für dich, alter Knabe", flötete die Postfliege.

Verdutzt krabbelte Hugo aus seinem Loch. „Einen Brief?"

„Na, wenn ich's doch sage. ‚Für Bodo den Borkenkäfer' steht drauf. Hier." Kurzerhand stopfte die Fliege den Briefumschlag in Bodos erstaunt geöffnetes Maul und sauste davon.

Bodo starrte ihr einen Augenblick lang verdutzt hinterher. Mit dem Brief zwischen seinen Kauleisten sah er nicht gerade intelligent aus. Das bemerkte auch Amelie die Ameise, die fröhlich lachend den Baum emporgekrabbelt kam.

„Na, Bodo, mal Appetit auf etwas anderes?"

„Waf?", fragte Bodo, noch immer mit dem Brief zwischen den Zähnen. Dann besann er sich, kroch zurück in sein gemütliches Heim und nahm den Brief in die Klauen. „Komm rein", rief er Amelie zu.

Noch während die Ameise hereinkrabbelte, öffnete Bodo das mit Baumharz verklebte Kuvert und begann zu lesen. *Testament[3] von Benedikt Borke*, stand dort in großen Lettern und darunter:

„Mein lieber Neffe Bodo…"

„Komisch", meinte Bodo, „ich kann mich gar nicht an einen Onkel Benedikt erinnern."

„So etwas kommt in den besten Familien vor", meinte Amelie. „Was schreibt er denn?"

Bodo las laut vor:

Leider ist von meinem Besitz nichts übrig, das ich dir vererben könnte. Ich brauchte nämlich alles selber. Aber ich habe einen guten Rat für dich: Nimm mit, was du kriegen kannst, bevor du in die Wurzel beißt. Das Leben ist kurz und du solltest niemals auf etwas verzichten. Denn es gibt nur einen, der sich wirklich um dich kümmert: du selbst. Vertrau mir, denn ich mach's genauso.

Mit gruftigen Grüßen

Dein verstorbener Onkel Benedikt.

---

[3] In einem Testament steht, wer etwas erben soll, wenn jemand stirbt. Manche sprechen auch von dem Vermächtnis eines Menschen.

„Hm", machte Bodo, während in seinem Kopf die Worte seines Onkels herumspukten. *Das Leben ist kurz und du solltest niemals auf irgendetwas verzichten.* Irgendwie war da was dran.

„Nimm's mir nicht übel, Amelie", sagte er schließlich. „Aber ich muss nachdenken. Wir sehen uns dann morgen, okay?"

„Wie du meinst", erwiderte die Ameise, als sie hinauskrabbelte. Sie klang ein wenig enttäuscht. Schließlich hatte Bodo sich gestern Abend mit ihr auf eine Partie Blattläusequartett verabredet. Und Amelie liebte Blattläusequartett.

Den ganzen Tag lang latschte Bodo in seiner kleinen Borkenbude auf und ab und grübelte vor sich hin. Selbst nachts, als Ruhe einkehrte und alle seine Nachbarn längst friedlich in ihren Betten schnarchten, fand er keine Ruhe. Auf einmal erschien ihm sein ganzes bisheriges Leben langweilig und vergeudet. Seine Welt war so klein. Er war auf diesem Baum geboren worden und hatte ihn noch nie verlassen. Bislang hatte er auch keinen Anlass dazu gehabt. Es gab genug zu fressen, er hatte eine gemütliche kleine Bude in der dicken Baumrinde und Freunde, mit denen er seine Zeit verbringen konnte. Aber je länger er darüber nachdachte, desto unzufriedener wurde er. Amelie die Ameise, Randolf die Raupe und Stella die Stechmücke waren ja wirklich nett, aber alles in allem auch ein bisschen gewöhnlich und manchmal auch ziemlich anstrengend. Und es gab noch so Vieles, das er noch nicht erlebt hatte.

Als Bodo dann am nächsten Morgen aus dem Bett plumpste und müde in die Küche schlurfte, beschloss er, dem Rat seines Onkels zu folgen. Er fing gleich damit an, dass er zum Frühstück alle seine Lieblingsspeisen auf einmal aß. Und während er Birkenpizza mit Weidenrindenmüsli und Kiefernadelomelett in sich hineinschaufelte, schwor er sich, niemals wieder auf irgendetwas zu verzichten. Entschlossen stopfte er seine gesamten Ersparnisse in seinen Eichenblattbrustbeutel.

Noch ganz benommen von seinem Vorsatz (und seinem etwas merkwürdigen Frühstück) öffnete er die Tür seiner Borkenbude und trat nach draußen. Zu seiner Überraschung warteten dort auf einem Ast direkt neben seiner Wohnung schon seine drei besten Freunde auf ihn.

„Na, du Langschläfer", brummte Randolf gutmütig.

„Guten Morgen, guten Morgen", summte Stella die Stechmücke aufgeregt.

„Machst du wieder mit uns Frühsport?", fragte Amelie fröhlich.

„Tut mir leid, Leute", erwiderte Bodo. „Ich habe keine Zeit. Ich muss nämlich das Leben genießen."

„Häh?", machte Randolf die Raupe, und Amelie, die Ameise, runzelte die Stirn.

„Ab heute wird sich alles ändern", verkündete Bodo. „Onkel Benedikt hat vollkommen recht: Ich habe genug verzichtet. Jetzt muss ich auch mal an mich denken."

„Aha", machte Randolf.

„Hm", murmelte Amelie.

„Wie? Was?", fragte Stella und surrte in verwirrten Kreisen um ihre Freunde herum. „Ich kapier überhaupt nichts."

„Das liegt daran, dass du nie zuhörst!", sagte Bodo wütend. Er ärgerte sich, dass seine Freunde so wenig begeistert auf seine Ankündigung reagierten. „Und hör endlich auf, immer so herumzusummen", fügte er knurrend hinzu. „Das macht mich noch ganz wuschig."

„Aber ... aber ich summe doch immer, wenn ich mit den Flügeln schlage", meinte Stella verblüfft.

„Dann hör eben auf, mit den Flügeln zu schlagen!", rief Bodo genervt.

Einen Moment lang schwebte Stellas verdutztes Gesicht direkt vor Bodo, als sie tatsächlich das Flügelschlagen einstellte, dann sauste die Mücke dicht am Ast vorbei in die Tiefe und man hörte ihren langgezogenen Schrei: „Ich faaaaaaahlle."

„Au Backe", sagte Randolf.

„Bist du völlig übergeschnappt?", fauchte Amelie Bodo an. „Du weißt doch, dass Stella nicht die Hellste ist und immer alles wörtlich nimmt. Los, wir müssen runter, ihr helfen."

„Ach, die wird sich schon wieder fangen", wiegelte Bodo ab. Ihm war nicht ganz wohl bei der Sache, aber er redete sich ein, dass es nicht sein Fehler sei.

„Das kann doch nicht dein Ernst sein", empörte sich Amelie.

Doch Bodo verschränkte die Vorderbeine und blickte trotzig an ihr vorbei. In Wirklichkeit wusste er bloß nicht, was er sagen sollte.

„Bodo", sagte Amelie ernst. „Du lässt deine besten Freunde im Stich! Hat dir denn dein Onkel mit seinem blöden Testament dermaßen den Kopf verdreht?"

Bodo schwieg.

„Nun gut, wie du willst", sagte Amelie. „Komm, Randolf, wir gehen."

Bodo musste schon ein wenig schlucken, als seine besten Freunde ihm den Rücken zukehrten. Aber dann dachte er an Onkel Benedikt, wischte alle Zweifel beiseite und krabbelte in die entgegengesetzte Richtung davon. Er hatte noch viel vor.

Zum ersten Mal in seinem Leben verließ er den Baum, auf dem er geboren wurde. Er hatte ein merkwürdiges Gefühl in der Magengegend, als er über den Waldboden davonkrabbelte. Zunächst war alles ein bisschen unheimlich, doch schon bald entdeckte er so viel Interessantes, dass er gar nicht mehr an sein Zuhause dachte.

Plötzlich blieb er stehen. Unter einer knorrigen Baumwurzel hindurch blinkte ihm in riesigen Leuchtbuchstaben ein Schriftzug entgegen:

Dein Weg zum Glück!
Ralf Ratzekahls rattenscharfer
Riesenrummel

Rasch zerrte Bodo seinen Eichenblattbrustbeutel hervor und trat an die auf Hochglanz polierte, ausgehöhlte Kastanie, in der eine als Clown verkleidete Mehlmade Eintrittskarten verkaufte.

Er schluckte, als die breit grinsende Made ihm den Preis nannte. Aber dann sagte er sich: Was soll's, man lebt nur einmal.

Der Rummel wimmelte nur so von Insekten. Überall waren Buden aufgebaut. Es roch nach Honigwatte und Holunderblütenwein. Bodo stürzte sich ins Vergnügen. Er fuhr mit der Wasserkäferbahn, sauste mit dem Wanzenbob die Rindenrutsche hinab und leistete sich einen Rundflug mit der Brummel-Hummel. Dann hatte er Hunger und gönnte sich ein feines Zedernrindenfilet vom Grill.

Bodo genoss den Rummel in vollen Zügen. Als Nächstes fuhr er mit der gruseligen Spinnentierbahn.

Als es Abend wurde, mietete er sich eine Korkengondel und ließ sich von einem singenden Weberknecht über den romantischen Mückentümpel fahren.

Sein Kopf schwirrte von all den Erlebnissen. Er konnte eigentlich kaum noch klar denken, aber er beschloss: *Hier bleibe ich!*

Bodo, sagte er zu sich selbst, *ab heute ist Ralf Ratzekahls rattenscharfer Riesenrummel dein neues Zuhause! Und du wirst alles ausprobieren und jede Sekunde genießen.*

Nach fünf Tagen Rummel stellte Bodo allerdings fest, dass er sich hin und wieder ein bisschen leer fühlte. Nicht weil er nichts zu essen hatte – ganz im Gegenteil, er aß so viel, dass sein Magen schon am Morgen Dehnübungen machte, um alles verdauen zu können. Nein, Bodo hatte das Gefühl, dass ihm irgendetwas Wichtiges fehlte, obwohl sein ganzer Tag mit Vergnügungen vollgestopft war. Offensichtlich war es gar nicht so einfach, das Leben zu genießen und auf nichts zu verzichten.

Schließlich landete Bodo, ohne es recht zu bemerken, in den etwas schmuddeligeren Ecken des Rummels. Er betrat eine Kneipe mit dem vielversprechenden Namen „Sprunzes Spelunke".

Drinnen war es dunkel und rauchig. Der Geruch von gegorenem Blütennektar und Zapfenschnaps lag in der Luft. Dunkle Gestalten saßen an Ahornblatttischen, lachten und prosteten sich zu.

Bodo bestellte eine Borkenbrause. Und wenig später – er wusste gar nicht recht, wie ihm geschah – saß er eingekeilt zwischen einem fetten

Nashornkäfer und einer glubschäugigen Hornisse an der Bar und hatte bereits seinen dritten Zapfenschnaps getrunken. Das Zeug schmeckte ihm zwar überhaupt nicht und machte ihn ganz schwindlig, aber das hätte er auf keinen Fall zugegeben.

„Bist echt 'n Kumpel", schnarrte der Nashornkäfer und leerte mit einem Zug einen Blütenkelch voll Haferbier.

„Genau", bestätigte die Hornisse und goss sich großzügig von dem teuren Walderdbeerenwein nach. „Ich glaub, diese Runde geht wieder an dich."

Bodo hatte das Gefühl, dass er bereits die letzten drei Runden bezahlt hatte, aber ihm schwirrte der Kopf, und die beiden anderen ließen keinen Zweifel daran, dass sie genau mitgezählt hatten.

Als Bodo seinen fünften Zapfenschnaps ausgetrunken hatte, war ihm so schwindlig, dass er sich kaum noch auf seinem Nussschalenhocker halten konnte. Plötzlich stieß ihn der Nashornkäfer in die Seite und knurrte: „Du bist wieder dran mit zahlen."

Ungeschickt wühlte Bodo in seinem Eichenblattbrustbeutel. „Alle-alle", lallte er schließlich.

„Zeig mal her", knurrte die Hornisse und riss Bodo den Beutel vom Hals.

Bodo fand das gar nicht nett, aber inzwischen war ihm so übel, dass er sich nicht beschwerte.

„Tatsächlich leer", brummte die Hornisse und warf dem Nashornkäfer einen merkwürdigen Blick zu. Dann grinsten die beiden plötzlich. „Wir haben da noch eine hübsche Überraschung für dich", sagte der Nashornkäfer zu Bodo. Unsanft packten sie ihn bei zweien seiner Beine und schleiften ihn hinaus.

An einem steilen Abhang machten sie Halt. Eine lautstarke Menge wenig Vertrauen erweckender Insekten hatte sich dort versammelt. Sie grölten herum und feuerten einige Typen an, die sich in halbierte Eichelschalen gesetzt hatten und darin festgeschnallt wurden.

„Nun fehlt nur noch ein letzter todesmutiger Kandidat!", rief eine haarige, dickbäuchige Spinne mit heiserer Stimme.

„Hier haben wir noch einen erfahrenen Fahrer!", rief die Hornisse.

Und noch während Bodo sich nach diesem Fahrer umsah, kamen drei Schaben anmarschiert. Er wurde von starken Krallen gepackt und in einer halbierten Eichelschale festgeschnallt.

„He, wasmachsuda?", beschwerte er sich.

„Sei froh, dass wir dich festschnallen", erwiderte eine der Hilfsschaben. „Ohne Gurt fliegst du gleich in der ersten Kurve raus. Aber das Zeug hält garantiert." Sie zupfte an einem der Seile. „Das ist Hundertprozent doppelt gewickelter Madenzwirn. Was Besseres gibt's nicht!"

Während Bodo festgeschnallt wurde, bekam er nur am Rande mit, wie die dicke Spinne der Hornisse und dem Hirschkäfer Geld zusteckte: „Wo treibt ihr nur immer diese Irren auf?", fragte sie die beiden.

„Berufsgeheimnis", erwiderte die Hornisse und grinste verschwörerisch.

Die Spinne wandte sich an das grölende Publikum und rief: „Ich nehme jetzt die letzten Wetten entgegen!"

Bodo wurde allmählich etwas nüchterner. „Was für Wetten?", wandte er sich an eine einäugige Soldatenameise, die rechts neben ihm in einer Eichelschale festgeschnallt war.

„Sie wetten darauf, wer dieses Rennen heil überlebt", knurrte die Ameise und blinzelte in die Runde.

„Rennen?" Mit einem Mal wurde Bodo hellwach. „Was für ein Rennen?"

„Seht euch diesen Burschen an", kicherte eine raubeinige Grille links neben ihm. „Der Kerl meldet sich zum gefährlichsten Eichelschalenrennen der Welt an und merkt es nicht einmal."

„Zum gefährlichsten... aber ich... He, Moment mal...", stammelte Bodo. Zu spät.

„Und los!", rief die dicke Spinne.

Jemand gab Bodo einen Stoß und unter dem Gegröle des Publikums sauste die Eichelschale bergab. Mit weit aufgerissenen Augen raste Bodo über rutschiges Gras und Geröll. Nun war er sich sicher, dass es doch etwas gab, auf das er verzichten wollte. Er schoss direkt auf eine vorstehende Wurzel zu. Der Ameise vor ihm gelang es irgendwie auszuweichen. Bodo duckte sich in seine Schale und kniff die Augen zu. Plötzlich rutschte er in eine Senke und mit einem lauten Krachen quetschte sich die Eichelschale unter der Wurzel hindurch. Er schlitterte weiter und hörte hinter sich die durchgeknallte Grille jodeln.

In wahnsinniger Fahrt ging es bergab. Grasbüschel und Zweige sausten an ihm vorbei. In einer lehmigen Kurve verlor die Eichelschale schließlich die Bodenhaftung und wurde aus der Rennbahn geschleudert. „Mamiiii!", schrie Bodo.

Ein riesiger Kieselstein tauchte vor ihm auf. KRACH! Die Eichelschale prallte dagegen. Im nächsten Moment machte es ZONG und der Hundertprozent doppelt gewickelte Madenzwirn gab den Geist auf. Mit einem jämmerlichen Quieken wurde Bodo aus der Eichelschale hoch in die Luft geschleudert. Dann segelte er, sich um sich selbst drehend, einen senkrechten Abhang hinab in die Tiefe. Er durchschlug vor den verblüfften Facettenaugen der Besitzerin ein Spinnennetz, verfehlte um Haaresbreite einen vorstehenden Zweig und landete schließlich mit einem lauten PLATSCH auf dem Rücken einer Nacktschnecke.

„He, was soll das?", beschwerte diese sich empört.

„Tschuldigung", murmelte Bodo und taumelte, sich seinen schmerzenden Rücken haltend, davon. Nichts wie weg hier, dachte er sich. Nichts wie weg!

Völlig zerschunden und ohne eine mickrige Madenmark in der Tasche floh Bodo. So schnell er konnte, ließ er Ralf Ratzekahls rattenscharfen Riesenrummel hinter sich.

Den ganzen Tag und die ganze Nacht humpelte Bodo zurück. Es war später Abend, als er wieder auf seinem Heimatbaum angelangt war. Sein Schädel dröhnte, als ob ein Tausendfüßler darauf Polka tanzen würde.

Ächzend ließ er sich auf einem Ast nieder und starrte in den Sonnenuntergang. Irgendwie war das Ganze nicht so verlaufen, wie er es sich vorgestellt hatte. Schweigend hockte er da und ließ die Zeit verstreichen. Dann hörte er plötzlich eine Stimme neben sich: „Hallo, Bodo."

Es war Amelie, die sich nun neben ihn setzte.

„Hallo, Amelie", erwiderte Bodo leise. Nach einer Weile fragte er: „Wie geht es Stella?"

„Oh, ganz gut, sie hat sich bei ihrem Absturz nur ein paar Prellungen geholt. In ein paar Tagen ist sie wieder ganz die Alte."

„Es tut mir leid", flüsterte Bodo.

„Ich weiß", antwortete die Ameise, ebenfalls flüsternd.

Wieder schwiegen die beiden eine Zeit lang. Dann sagte Bodo: „Amelie?"

„Ja?"

„Ich glaube, Onkel Benedikt hat sich getäuscht."

„Das glaube ich auch", erwiderte die Ameise. Dann fragte sie schmunzelnd: „Was hältst du von einer Partie Blattläusequartett?"

„Das wäre toll!", rief Bodo und sprang auf. „Bist du nicht mehr böse auf mich?"

„Nein."

„Wirklich nicht?"

„Wirklich nicht! Und die anderen ganz bestimmt auch nicht", erwiderte Amelie. „Wir sind doch Freunde! Und wir wollen auf keinen Fall auf dich verzichten!"

Jetzt spürte Bodo, was ihm die ganze Zeit in Ralf Ratzekahls rattenscharfem Riesenrummel gefehlt hatte. Glücklich legte er einen seiner Arme über Amelies Schulter und gemeinsam machten sie sich auf den Weg zurück zu Bodos Baumhöhle.

Jesus sagt:

„Wer das Leben um jeden Preis genießen will und glaubt, dadurch würde er glücklich werden, der hat sich getäuscht. Ein wirklich glückliches, erfülltes Leben sieht nämlich ganz anders aus. Wer sein Leben mit mir zusammen gestaltet, es für mich einsetzt und anderen Menschen mit Liebe begegnet, der wird wahres Leben und wahres Glück finden, das nie mehr endet."

Nach Lukas 9,24

Harald, das Moor und der falsche Moment für Plaudereien

„Hilfe, Hilfe!", hallte eine jämmerliche Stimme durch den abendlichen Wald. Nebel waberte über das mit Sumpfgras bewachsene Moor und drang tief in den dicht bewachsenen Wald hinein.

„Hilfe, ich versinke!"

Eine Drossel flatterte, von den verzweifelten Rufen aufgeschreckt, zum Waldrand. Tiefer im Wald hob ein großer Braunbär seinen Kopf und reckte lauschend die Ohren. Am Stamm einer mächtigen Eiche stand ein kleiner Igel und lugte über die Böschung hinab in das Moor. Er bohrte sich nachdenklich in der Nase. Dörte die Drossel flatterte auf ihn zu und ließ sich auf einer Wurzel nieder.

„Guten Abend, Ingo", sagte sie zu dem Igel. „Was ist denn hier los?"

„Hi, Dörte", erwiderte der Igel.

„Hilfe, Hilfe!", klang es erneut aus dem Moor empor.

„Das ist Harald der Hase", erklärte Ingo. „Ich nehme an, er ist im dichten Nebel vom Waldweg abgekommen und über die Böschung hinab in das Moor gesaust."

„Hiiilfe!", schrie Harald.

„Ts, ts, ts. Schrecklich", sagte Dörte die Drossel und schüttelte den Kopf. „Ich finde, man hätte hier längst mal ein Schild aufstellen sollen. Der Weg macht hier eine ganz scharfe Kurve. Ist doch klar, dass so etwas gefährlich ist."

„Da hast du recht", bestätigte Ingo der Igel. „Vor allem bei solchem Nebel."

„Ja." Dörte nickte. „So einen Nebel hatten wir schon seit Jahren nicht mehr. Der ist ja so dick wie Großmutters Eicheleintopf."

„Hilfe!", jammerte Harald.

Ingo der Igel zog die Stirn in Falten. „Andererseits muss man bei so einem Wetter einfach nur mit normaler Geschwindigkeit gehen. Dann kann auch nichts passieren. Ich nehme an, Harald ist wieder einmal wie eine wild gewordene Wildsau hier langgepest. Du weißt ja, wie Hasen sind. Die machen aus jedem Spaziergang ein Wettrennen."

„Tja, für euch Lauftiere sind Kurven ein Problem. Wir Vögel haben solche Sorgen nicht."

„So helft mir doch!", rief Harald verzweifelt. „Der Schlamm geht mir schon bis zum Hals."

„Ja", seufzte Ingo, „das ist schon eine komische Vorstellung. Hätte Harald Flügel, hätte er einfach eine Kurve über dem Moor gedreht und wäre wieder zurückgekommen."

Dörte nickte ernst. „Wenn alle Tiere Flügel hätten, gäbe es eine Menge Probleme weniger."

„Blubb, Blubb!", machte Harald.

„Was ist denn hier für ein Lärm?", brummte plötzlich eine tiefe Stimme neben den beiden. Es war Bernd der Bär. Dann stutzte er: „He, da versinkt ja jemand im Moor!"

„Das ist Harald der Hase", erklärte Ingo.

„Er ist mit überhöhter Geschwindigkeit in die Kurve gehoppelt und nun hat er Pech, dass er kein Vogel ist", ergänzte Dörte.

Ingo nickte. „Wir haben überlegt, dass ein Schild an dieser Stelle..."

„Ja, habt ihr denn 'nen Knall?!", platzte Bernd heraus. „Wir müssen den armen Kerl retten. Los, Dörte, seine Ohren gucken noch raus. Du flatterst jetzt sofort hin und versuchst, ihn daran hochzuziehen! Und du, Ingo, knabberst mal die Wurzel da durch!"

Irgendwie fanden die beiden, dass Bernd ihr schönes Gespräch recht unsanft unterbrochen hatte. Aber wenn ein Bär erst einmal in Fahrt ist, sollte man ihm besser nicht widersprechen. Also taten sie, was er gesagt hatte. Dörte schaffte es, Harald so weit emporzuziehen, dass seine Nase gerade so aus dem Schlamm lugte.

Nachdem Ingo die Wurzel halb durchgeknabbert hatte, riss Bernd den Rest einfach heraus. So hatte er einen langen, biegsamen Stab. „Halt dich daran fest!", befahl er Ingo. „Ich halte dich über das Moor und du packst Haralds Ohren. Los jetzt, uns bleibt nicht mehr viel Zeit!" Er hielt die Wurzel über den

fast versunkenen Harald. Ingo hielt sich mit allen vier Pfoten daran fest und packte die Ohren des Hasen mit den Zähnen.

„Zugleich!", kommandierte Bernd und mit einem lauten PLOPP zogen sie den armen Harald aus dem Morast.

Behutsam legte Bernd ihn auf den Boden.

Harald rührte sich nicht.

„Das kriegen wir schon hin, brummte Bernd. „Ich heb seine Füße hoch und du drehst dich um und piekst ihm mit deinen Stacheln in den Po!"

„Okay, du bist der Chef", meinte Ingo. „So richtig?"

„Vollkommen richtig", brummte Bernd zufrieden.

„Es klappt!", rief Dörte die Drossel.

„Aua!", sagte Harald. Dann hustete er eine Menge mooriges Wasser aus. Als er damit fertig war, sah er Bernd an und sagte: „Danke!"

„Komm", meinte Bernd, „ich bring dich nach Hause und dann gibt's erst einmal eine schöne Milch mit Honig." Er schnappte sich Harald einfach und klemmte ihn sich unter den Arm. Dann stapfte er davon und berichtete von dem Bienenkorb, den er neulich im Wald gefunden hatte.

Ein wenig bedröppelt blickten Ingo und Dörte dem seltsamen Paar hinterher.

Schließlich meinte Ingo: „Bären sind nicht sehr höflich."

Dörte nickte.

„Bernd hat einfach unser schönes Gespräch unterbrochen", fuhr Ingo fort.

„Ja, und er hat sich überhaupt nicht dafür interessiert, dass es eine Menge Vorteile hat, wenn man fliegen kann."

Dann sahen die beiden einander an und Dörte meinte etwas kleinlauter: „Andererseits... hatte er irgendwie doch ein bisschen recht, oder?"

„Hm", machte Ingo. „Ich glaub schon."

„Und wenn ich ehrlich bin, ist es gar kein schlechtes Gefühl, ein Hasenretter zu sein", fügte Dörte hinzu.

„Das stimmt", sagte Ingo und schmunzelte ein bisschen. „Und welcher Igel kann so etwas schon von sich behaupten?"

Als Jesus mit seinen Freunden durch die Gegend wanderte,

begegneten sie einem Mann, der seit seiner Geburt blind war. Die Freunde von Jesus dachten so bei sich: „Das ist bestimmt Gottes Strafe, dass es dem so schlecht geht." Sie dachten keineswegs darüber nach, wie sie dem Mann helfen konnten, sondern grübelten, was denn wohl die Ursache der Bestrafung gewesen sein könnte. Deshalb fragten sie Jesus: „Wer ist schuld daran, dass dieser Mann blind ist? Er selbst oder vielleicht seine Eltern?"

Ich kann mir vorstellen, dass Jesus an dieser Stelle ein bisschen traurig den Kopf geschüttelt hat, als er antwortete: „Ach, Leute, weder er selbst ist schuld daran noch seine Eltern. Man könnte sagen: ‚Er ist blind, weil an ihm die Macht Gottes sichtbar werden soll.'" *Und dann spuckte Jesus einfach auf die Erde, rührte daraus ein bisschen Matschepampe und strich sie auf die Augen des Blinden. Dann forderte er ihn auf:* „Geh jetzt zum Teich Siloah und wasch dich dort."

Der Blinde ging hin, wusch sich, und als er zurückkam, konnte er sehen.

(Wenn ihr euch jetzt fragt, warum Jesus für die Heilung Matschepampe gebraucht hat, dann stellt ihr euch die falsche Frage. Jesus hatte seine Gründe, da bin ich mir sicher, doch die gehen nur den blinden Mann und ihn etwas an. Die Frage, die wir uns stellen sollten, ist: Gibt es jemanden, der unsere Hilfe braucht?)

Nach Johannes 9,1-3;6-7

Lars und die Legende vom Meer

Voller Panik schwamm Lars der kleine Lachs hin und her. „Wo seid ihr? Wo seid ihr?", rief er. Doch er hörte keine Antwort. „Das kann doch nicht wahr sein!", murmelte er entsetzt. „Sind sie etwa ohne mich aufgebrochen?" Hektisch sauste er durchs Wasser, drehte jeden Kieselstein um und schaute hinter jede Alge.

Nichts! Sie waren weg!

Mit schnaufenden Kiemen hielt er inne und ließ sich auf den Grund sinken. *Lars, der Träumer, haben sie immer zu mir gesagt,* dachte er verzweifelt. *Und sie haben damit wohl vollkommen recht. Ich Vollidiot habe den Aufbruch verschlafen.*

All seine Geschwister waren ohne ihn losgeschwommen und hatten sich auf die lange Reise gemacht. Am liebsten wäre Lars jetzt in Tränen ausgebrochen. Doch Fische können nicht weinen – würde ja auch keiner merken im Wasser. Also verzog er lediglich die Lippen und jammerte still vor sich hin.

Eine Unterwasserschnecke kroch mit fragendem Blick an ihm vorbei. Lars schaute weg. Jemand, der sein Zuhause auf dem Rücken schleppte, würde ihn kaum verstehen können. Außerdem waren Schnecken furchtbar besserwisserisch.

„Na, mein Kleiner, was ist denn mit dir los?", meldete sich plötzlich eine tiefe Stimme neben ihm.

Erschrocken fuhr Lars herum und sah einen untersetzten, breitmauligen Fisch mit triefigen Augen behäbig vor sich im Wasser dümpeln. Merkwürdigerweise hatte er einen Schlauch aus dicken Algen um seinen Hals geschlungen. „Wer bist du denn?", fragte Lars und starrte den seltsamen Fisch mit großen Augen an.

„Karl, Karl der Karpfen. Und wer bist du?"

„Ich bin Lars der Lachs", erwiderte Lars.

„Und ich bin Chantal", meldete sich ungefragt eine etwas schleimige Stimme vom Grund. „Chantal, die Schnecke."

„Ich suche meine Geschwister", wandte Lars sich an Karl. „Hast du sie vielleicht gesehen?"

Der Karpfen schüttelte würdevoll den Kopf: „Nein, das tut mir sehr leid. Ich bin seit Stunden niemandem begegnet."

„Äh, ich möchte keineswegs unhöflich sein, Karl", meldete sich Chantal die Schnecke zu Wort,

„aber ist dir schon aufgefallen, dass du da einige Algen um den Hals geschlungen hast?"

„Das ist mein Schal", erwiderte Karl und nieste. „Es zieht hier immer so furchtbar kühl an der Quelle." Dann wandte er sich an Lars: „Weißt du denn, wo deine Familie hinwollte?"

„Sie sind bestimmt auf dem Weg ins Traumland", erwiderte Lars traurig. „Und ich weiß nicht, wie ich dort hinkommen kann."

„Traumland? Was ist denn das für ein Unsinn?", fragte Chantal und lächelte herablassend.

„Es ist riesig groß, ganz ohne trockene Ufer. Unendlich viele Fische gibt es dort und tolle bunte Pflanzen. Es gibt sogar Riesenfische, die im Trockenen atmen. Und das Wasser schmeckt salzig und wild."

„Salzig und wild?", fragte Karl und runzelte die Stirn.

„Armer Junge", meinte Chantal und sah dabei sehr altklug aus. „Man hat ihm die Legende vom Meer erzählt, und nun glaubt er, dass es diesen Ort wirklich gibt."

„Meer heißt es also", sagte Lars begeistert, ohne darauf zu achten, was die Schnecke sonst noch sagte. „Kennst du das Meer?", wandte er sich aufgeregt an den Karpfen. „Kannst du mir sagen, wie ich dahin komme?"

„Hm", sagte Karl nachdenklich. „Ich fürchte, die Schnecke hat ausnahmsweise recht…"

„Was heißt hier *ausnahmsweise?*", empörte sich Chantal. „Ich habe bei Dr. Urschleim an der Weichtierakademie studiert und habe einen Mastertitel in…"

„Das ist jetzt unwichtig", unterbrach der Karpfen sie. „Siehst du nicht, dass der Junge vollkommen durcheinander ist?"

Dann fuhr er, an Lars gewandt, fort: „Das Meer ist nur eine Idee, ein schöner Gedanke, mehr nicht." Ernst sah er Lars in die Augen: „So einen Ort gibt es nicht!"

Lars schluckte, sein Magen krampfte sich zusammen, als hätte er eine eiskalte Murmel verschluckt. „Aber alle meine Geschwister haben auch an das Traumland geglaubt…"

„Ja, ja, Kinder haben viele Träume", sagte Karl weise. „Es wird wohl Zeit, dass du erwachsen wirst. Ich bin ein alter Karpfen und schon viel im Wasser herumgeschwommen, aber glaube mir, so etwas wie das Meer habe ich noch nie gesehen."

„Dr. Urschleim meint, das Meer sei ein Bild unserer unerfüllten Wünsche", meldete sich Chantal erneut zu Wort.

„Das Meer gibt es nicht?", murmelte Lars vor sich hin. „Aber das kann doch nicht sein…"

„Es ist nur ein Traum", meinte Karl und lächelte mitleidig. „Aber ganz in der Nähe gibt es einen wundervollen, großen Weiher. Dort wohne ich, und glaub mir, bei mir ist es fast genauso schön wie in deinem Meer. Komm, ich zeige ihn dir." Tröstend legte er dem kleinen Lachs die Flosse auf den Rücken.

Lars schöpfte neue Hoffnung. Also gab es das Traumland doch, es war nur ein kleines bisschen anders.

Kopfschüttelnd sah Chantal die Schnecke den beiden hinterher. „Traumland – so ein Unfug! Dr. Urschleim würde sich im Grabe umdrehen, wenn er wüsste, was die kleinen Fische so alles glauben."

Karl der Karpfen und Lars der Lachs ließen die schimpfende Schnecke hinter sich.

„Dieser See – hat der auch bunte Pflanzen?", fragte Lars, während sie flussabwärts schwammen.

„Nicht direkt", gab Karl zu. „Aber die Algen sind dort besonders schön grün."

„Und gibt es Riesenfische dort? Welche, die im Trockenen atmen?"

„Das nicht", sagte Karl. „Aber es gibt dort Frösche, die auch im Trockenen atmen."

„Und wie schmeckt das Wasser?", hakte Lars nach. „Ist es salzig und kühl und wild?"

„Nun ja, für meinen Geschmack ist es manchmal etwas zu kühl", erwiderte Karl. „Und nun lass mal gut sein, du wirst schon sehen."

Sie waren eine ganze Weile unterwegs. Der Fluss teilte sich und sie folgten einem Seitenarm. Schließlich öffnete sich das Flussbett zu einer flachen, etwas breiteren Wanne. Hier gab es fast keine Strömung mehr und winzige Algen färbten das Wasser dunkelgrün.

„Das soll das Meer sein?", fragte Lars enttäuscht. „Das ist doch nur ein großer, muffiger Tümpel."

„Also wirklich", beschwerte sich Karl. „Das ist ein wundervoller Weiher. Hier wachsen Seerosen und Fadenalgen und es ist mein Zuhause!"

„Aber es ist überhaupt nicht wie das Meer!"

„Ich sagte doch bereits: Das Meer gibt es nicht!", meinte Karl mürrisch. Offensichtlich war er beleidigt, weil Lars sein Zuhause nicht zu schätzen wusste.

„Nanu, wer kommt mich denn um diese Zeit besuchen?", meldete sich eine merkwürdige Gestalt zu Wort.

Verblüfft sah Lars das vielgliedrige, seltsame Wesen an. Es hatte statt Flossen acht Beine und zwei Arme, die in Zangen endeten. In der rechten Zange hielt es eine abgebrochene Muschelschale, mit der es sich frisches Wasser zufächelte. „Wer bist'n du?", fragte Lars.

„Ich bin Edith die Edelkrebsin, mein Herzchen. Karl, was hast du denn da für ein süßes Fischlein angeschleppt?"

„Das ist Lars der Lachs, und er glaubt tatsächlich noch ans Meer."

„Ach ja, die Legende vom Meer", seufzte Edith. „Als kleine Krebsin habe ich besonders gern das Märchen vom Stör und den sieben Krabben gehört; es spielt auch im Meer und ist so wundervoll gruselig."

„Gibt es das Meer oder nicht?", fragte Lars.

Die Krebsin schaute den kleinen Lachs mit einem verträumten Blick an. „Natürlich gibt es das Meer, tief in deinem Herzen und in deiner Fantasie."

„Siehst du", wandte Lars sich an Karl. „Ich hab doch recht!"

Karl seufzte: „Edith, merkst du nicht, dass du den Kleinen völlig verwirrst?" Karl setzte eine Miene auf wie ein ungeduldiger Lehrer, der so tut, als wäre er geduldig: „Lars, weißt du, was Fantasie ist?"

„Nö", erwiderte Lars wahrheitsgemäß.

„Fantasie ist etwas, das man sich ausdenkt, das es aber in Wirklichkeit nicht gibt."

„Oh."

„Und so ist es auch mit dem Meer. Das Meer gibt es nur in deinem Kopf, aber nicht wirklich."

Lars blickte hilfesuchend zur Krebsin, doch diese stemmte nur zwei ihrer acht Beine in die Hüften und schaute Karl vorwurfsvoll in die Triefaugen. „Alles musst du verderben, du alter Miesepeter. Du hättest den Kleinen ruhig noch ein wenig träumen lassen können." Dann meinte sie zu Lars: „Am besten, du verlässt diesen brummelnden, alten Karpfen, sonst wirst du noch genauso wie er." Sie wedelte entrüstet mit ihrer Muschelschale und stakste davon.

Karl seufzte tief und zerrte an seinem Algenschal.

„Hey, Karli, altes Triefauge, was hast du denn mit unserer edlen Edith gemacht?", meldete sich eine neue Stimme zu Wort. Ein Aal schwamm gut gelaunt auf Karl und Lars zu.

„Hallo, Anton", erwiderte Karl. „Sie ist beleidigt… wie immer." Dann nieste er und tupfte sich mit einer schwammigen Alge die Kiemen.

„Tja ja", meinte Anton, „Edelkrebse sind einfach zu empfindlich." Dann wandte er sich an Lars. „Hey, so'n laschen Lachs habe ich ja noch nie gesehen. Was schaust du denn so trübsinnig, Kleiner?"

„Karl sagt, dass es das Meer nicht gibt", erwiderte Lars geknickt. „Und er behauptet, dass sein Tümpel genauso schön sei, aber das stimmt nicht!"

Anton der Aal kicherte. „Na ja, Karpfen kommen nicht gerade weit rum in der Welt. Ob es das Meer gibt, weiß ich nicht, aber ich kenne einen See, der ist so groß, dass man nicht von der einen Seite zur anderen gucken kann, und so soll das Meer ja auch sein, heißt es in den alten Geschichten. Wenn du willst, kann ich dich dorthin bringen."

Lars' Lachsaugen leuchteten. „O ja, gerne. Kommst du auch mit, Karl?"

Karl nieste und klang irgendwie verschnupft. „Nein danke, ich glaube, ich hab mich erkältet."

„Oh, das tut mir leid", meinte Lars. „Auf Wiedersehen und gute Besserung."

„Mach's gut, Karli, alte Schuppe!", rief Anton fröhlich und dann schwammen die beiden los. Sie hatten einen weiten Weg zurückzulegen. Der Fluss wurde immer größer und breiter und irgendwann konnte Lars die beiden Ufer rechts und links nicht mehr erkennen.

„So, da wären wir", meinte Anton. „Das, mein Freund, ist der See."

„Aber hier gibt es ja gar keine bunten Pflanzen und das Wasser schmeckt auch nicht salzig und wild."

„In der Tat", bestätigte Anton. „Es schmeckt eher ein bisschen muffig."

Lars ließ enttäuscht die Flossen sinken. Dann, plötzlich, richtete er sich wieder auf. „Oh", sagte er und seine Augen wurden groß. „Aber wenigstens Riesenfische gibt es hier!"

„Was für Riesenfische?" Anton sah sich hektisch um. Plötzlich erstarrte er. „Ach du meine Güte", entfuhr es ihm. „Das ist Werner der Wels. Au Backe, mit dem ist nicht gut Würmer fressen."

„Ob er weiß, wo das Meer ist?", überlegte Lars laut.

Der Wels hatte sie entdeckt. Mit raschen Flossenbewegungen sauste er auf sie zu.

„Auf jeden Fall weiß er, wo es was zu fressen gibt. Nichts wie weg hier!", rief Anton.

„Boah, der ist aber schnell", staunte Lars.

„Das hier ist keine Zirkusvorstellung, du Trottel. Der will uns fressen!", zischte Anton.

Der Wels kam mit weit geöffnetem Maul auf sie zugerast. Seine spitzen Reißzähne sahen gefährlich aus und seine Augen guckten gierig und böse.

Nun musste Anton den kleinen Lachs nicht mehr überreden, sich zu beeilen. Lars sauste los und hinterließ eine kleine Wolke aus Schuppen. Mit hastigen Flossenbewegungen kam er an Antons Seite. „Aber die ganz großen Fische im Meer fressen gar keine kleinen Fische, die fressen Plankton."

„Dann sind wir offensichtlich noch nicht im Meer angekommen", hechelte Anton, während ihm die Zunge vor Anstrengung aus dem Fischmaul hing.

Unaufhaltsam kam der Wels näher. Sie konnten schon seinen Atem riechen.

„Hey, Werner", keuchte Anton, „putz dir mal die Zähne, du riechst aus'm Maul… Ahhhh… Hilfe, er hat mich gleich." Mit einer hektischen Bewegung gelang es Anton, den zuschnappenden Zähnen von Werner dem Wels auszuweichen. Und weiter ging die wilde Jagd. Lars und Anton schwammen wie noch nie in ihrem Leben. Sie ließen den See weit hinter sich und jagten weiter flussabwärts. Mit flatternden Kiemen überquerten sie einen weiteren See und hechteten schließlich mit letzter Kraft über eine Staumauer. Endlich ließ der Wels von ihnen ab.

Völlig erschöpft ließen sich die beiden auf den Grund sinken.

„Ich – kann – nicht – mehr", japste Anton. „Mein lieber Scholli, war der hartnäckig."

„Das – war knapp. Ich – wusste gar nicht – dass ich so lecker ausseh", keuchte Lars.

Nachdem die beiden wieder zu Atem gekommen waren, meinte Lars: „Sieht komisch aus hier. Hast du 'ne Ahnung, wo wir sind?"

Anton zuckte mit den Flossen: „Nee, so weit flussabwärts war ich noch nie."

Plötzlich fing Lars an zu schmatzen.

„Alles okay mit dir?", fragte Anton.

„Schmeckst du das nicht?", entgegnete Lars aufgeregt.

„Was denn?"

„Salz! Es schmeckt ein bisschen nach Salz!"

„Hm", erwiderte Anton. „Also, ich schmecke nichts."

Lars ließ sich nicht beirren. „Ich glaube, das Meer ist gar nicht mehr so weit. Komm, wir schwimmen weiter!"

„Du gibst auch nie auf, was?", seufzte Anton. „Na gut, ich komm mit."

Und so zogen die beiden weiter flussabwärts. Sie schwammen weiter, immer weiter. Und endlich, nach vielen, vielen Kilometern bemerkten sie, dass sich etwas veränderte. Der Boden sackte ab und ging tief hinab, tiefer als jeder See. Die Ufer waren nicht mehr zu sehen und ein frisches Wässerchen blies durch ihre Kiemen… und ganz eindeutig – es schmeckte nach Salz!

„Das… das kann doch nicht wahr sein", meinte Anton und schüttelte fassungslos den Kopf.

Lars jubelte. „Das Meer! Wir haben das Meer erreicht!" Überglücklich machte er einen dreifachen Salto rückwärts. „Juchhu! Wir haben es geschafft! Wir haben das Meer gefunden!"

Anton nickte wortlos.

„Komm, lass uns weiterschwimmen!", rief Lars.

Anton kratzte sich nachdenklich mit der Schwanzflosse am Kinn. (Dafür musste er sich ganz schön verrenken, aber Aale sind ja ziemlich gelenkig). „Das Meer", murmelte er leise, „es ist tatsächlich das Meer."

„Na logo!", erwiderte Lars aufgeregt. „Und warum verknotest du dich gerade?"

„Es ist echt verrückt", erwiderte Anton und kratzte sich nun mit der Schwanzflosse über dem rechten Auge. „Ich habe mir nie viel Gedanken über das Meer gemacht, aber nun, wo ich hier bin… nun fühlt es sich fast so an, als wäre ich nach Hause gekommen."

„Wir sind ja auch zu Hause!" Aufgeregt schwamm Lars auf und ab. „Das Meer ruft uns. Hörst du es?"

„Ja", erwiderte Anton. „Komm, lass uns weiterschwimmen."

„Hurra!", rief Lars und gemeinsam schwammen sie in die unbekannte blaue Tiefe des Meeres.

Die beiden erlebten noch eine Menge Abenteuer. Lars fand tatsächlich seine Geschwister wieder und Anton reiste weiter, als er es sich je hatte träumen lassen, dorthin, wo das Meer ganz warm ist, wo bunte Korallen wachsen und Kokosnusspalmen an weißen Stränden stehen. Doch das ist eine andere Geschichte, die ein andermal erzählt werden soll.

Was bedeutet eigentlich Glaube?

Der Glaube ist die Gewissheit, dass sich erfüllt, was Gott versprochen hat. Wer glaubt, weiß ganz genau, dass Gott da ist, auch wenn er ihn nicht sehen kann. Und er spürt, dass es den Himmel wirklich gibt, auch wenn er jetzt noch unsichtbar ist.

Nach Hebräer 11,1

Maik Mampf und die mongolischen Rennmäuse

Der Schlamassel begann an einem sonnigen Sommermorgen, und er sah erst überhaupt nicht nach Schlamassel aus, sondern sehr lecker.

Maik Mampf und Merle Mäusespeck, zwei gut gelaunte, aber stets hungrige Mäuse, spazierten auf der Suche nach ihrem zweiten Frühstück über eine Wiese und unterhielten sich über ihre Lieblingsessen.

„Also, ich mag ja sehr gerne Mais auf Eis mit einem dicken Klecks Süßkirschenmatsch." Merle rieb sich ihr Bäuchlein. „Das schmeckt so erfrischend!"

„Klingt nicht schlecht", meinte Maik. „Mein Lieblingsgericht ist Körnergeschnetzeltes mit frischem Mehlwurm."

„Und was hältst du von zerquetschter Walnuss mit Butterblumenblättern?", fragte Merle.

„Gar nicht übel, aber..." Mitten im Satz stockte Maik plötzlich. Seine Augen wurden ganz groß und sein Unterkiefer klappte runter. Dann säuselte er mit verzückter Stimme: „...aber nichts geht über frische Weizenkörner!"

Auch Merle war stehen geblieben und starrte mit offenem Mund auf das sonnengelbe Feld mit feinstem, köstlich duftenden Weizen.

Mit glasigen Augen folgten die beiden jeder Bewegung der prall gefüllten Ähren, die im Sommerwind sanft hin und her wogten.

„Das ... muss das Paradies sein!", murmelte Maik mit leicht sabbernder Stimme. Die Spucke rann zwischen seinen Nagezähnen hindurch und platschte in dicken Tropfen auf den Boden.

Nach einem verzückten Moment des Schweigens bemerkte Merle etwas ernüchtert: „Es ist aber nicht das Paradies. Es ist das Vorratsfeld des Vereins zur Rettung unserer hungernden Nachbarn im Osten."

„Häh?", machte Maik.

„Lies einfach das Schild da", empfahl Merle.

„Oh." Erst jetzt bemerkte Maik das Schild, auf dem in dicken roten Buchstaben stand:

> *Dieses Feld gehört dem Verein zur Rettung unserer armen Nachbarn im Osten.*
> *Die gesamte Ernte schicken wir an die hungernden mongolischen Rennmäuse in den öden Steppen Asiens.*
> Maximilian Machmal, Vereinsvorsitzender"

„Oh", sagte Maik noch einmal. Dann murmelte er: „… hungernde mongolische Rennmäuse … so ein Quatsch. Wenn die noch rennen können, kann es denen ja nicht so schlecht gehen."

Merle runzelte die Stirn. „So kann man das natürlich auch sehen."

Beide starrten auf die köstlichen, duftenden Weizenähren.

„Sag mal, mein Mauseloch liegt doch von hier aus gesehen im Osten, oder?", fragte Maik.

„Na ja, nicht wirklich", meinte Merle und schluckte geräuschvoll eine Mausebacke voll Spucke hinunter.

Maik konnte seine Augen nicht von den prall gefüllten Ähren lassen, die im lauen Wind schwankten. Fast glaubte er, sie leise murmeln zu hören:

*Wir sind so lecker und
wollen nicht zum Bäcker,
erst recht nicht verreisen.
Ihr dürft uns verspeisen!*

… aber möglicherweise irrte er sich auch.

Nach einigen Momenten des Schweigens meinte er schließlich: „Ich glaube, ich habe mongolische Vorfahren… Wenn mich nicht alles täuscht, erwähnte meine Urgroßmutter väterlicherseits mal so etwas…" Er schielte zu Merle hinüber und ergänzte: „Wenn du genau hinguckst, kannst du sehen, dass ich ein bisschen mandelförmige mongolische Augen habe."

„Klar", erwiderte Merle nach einem kurzen Seitenblick. „Du meinst sicher die berühmten Kugelmandeln."

„Sehr witzig", grummelte Maik.

Merle seufzte: „Vergiss es, wir können uns hier nicht einfach bedienen. Das wäre Diebstahl." Bedauernd wandte sie sich ab. „Komm, lass uns gehen."

Maik konnte seinen Blick nicht von den Ähren abwenden. „Oh", sagte er plötzlich und patschte sich mit der Pfote gegen die Stirn. „Mir fällt gerade ein, dass ich meinen Onkel Manfred noch besuchen wollte."

„Du hast einen Onkel Manfred?", fragte Merle. „Das wusste ich gar nicht."

„Ja, äh... der lebt ganz für sich alleine und zwar... dort drüben." Er wies in die entgegengesetzte Richtung.

„Aha, und warum besuchst du ihn auf einmal?", fragte Merle.

„Äh, weil... weil er Geburtstag hat", sagte Maik hastig.

„Aber hast du denn überhaupt ein Geburtstagsgeschenk?", fragte Merle verwundert.

„Brauch ich nicht... Onkel Manfred... ist allergisch gegen Geschenke", erwiderte Maik. „Ich muss mich beeilen. Sonst komme ich zu spät. Mach's gut, Merle." Hastig trippelte er davon.

„Allergisch gegen Geschenke? Der Arme!", hörte er Merle noch hinter sich murmeln. Dann rief sie: „Tschüss, Maik."

Maik hastete weiter und huschte an der nächsten Kurve ins Gebüsch. Vorsichtig kroch er zurück und lugte unter dichten Blättern hindurch zu Merle. „Weg isse", murmelte er gleich darauf zufrieden.

Er richtete sich auf, klopfte sich den Staub aus dem Fell und brummte: „So, wenn mich nicht alles täuscht, nähere ich mich dem Feld jetzt von Osten her. Außerdem habe ich Hunger. Und da die Ähren für hungernde Mäuse aus dem Osten sind, kann sich keiner beschweren, wenn ich mal ein wenig koste."

Natürlich wusste Maik, dass er gerade ziemlichen Quatsch erzählte. Aber so machen das Mäuse eben, wenn sie ihr schlechtes Gewissen verdrängen wollen. (Menschen geht es da übrigens nicht so viel anders.)

Maik hatte sich gerade geschickt an einem Halm hinaufgehangelt und mit der linken Pfote ein geradezu perfekt aussehendes, köstlich riechendes Weizenkorn gepflückt, als er von unten ein leises Räuspern vernahm. Vor Schreck glitt ihm das Korn aus der Hand.

„Entschuldigen Sie, junger Mann", vernahm er die quäkende Stimme von Marina Mausepups. „Was machen Sie da eigentlich?" Vorwurfsvoll schaute die ältere Mäusedame über ihre Brille hinweg zu ihm auf.

„Ich? Äh… na ja, ich kletter jetzt mal runter." Auf der Suche nach einer Ausrede fing Maiks Hirn

an zu rattern. Es kam zu dem Schluss, dass es besser wäre zu lügen, als alles zuzugeben.

„Ach, Sie sind das, Herr Mampf." Marina Mausepups runzelte ihre ohnehin schon runzelige Stirn. „Haben Sie das Schild denn nicht gelesen?"

Maik kam ziemlich ins Schwitzen, und das lag nicht nur am Klettern. „Selbstverständlich habe ich das Schild gelesen… Ich prüfe lediglich, ob die Körner schon reif genug für… unsere mongolischen Freunde sind."

„Und, sind sie es?", hakte die ältere Dame nach.

„Ich denke schon", brummte Maik.

„Oh, da liegt ja eins", sagte Marina Mausepups plötzlich und bückte sich – ziemlich behände für ihr Alter. Mit strahlendem Lächeln hob sie Maiks heruntergefallenes Korn auf. „Das kann man ja so nicht mehr verschicken", meinte sie. „Das ist ja ganz staubig. Sie haben doch sicher nichts dagegen, wenn ich mal probiere?"

„Natürlich nicht", erwiderte Maik.

Er lächelte gequält, als er zusah, wie das ganze Korn zwischen den faltigen Backen der fröhlich kauenden alten Dame verschwand. Zum Schluss leckte sich Frau Mausepups geziert die Pfoten und meinte: „Sie brauchen nicht mehr zu prüfen, Herr Mampf. Das Korn ist reif. Grüßen Sie Herrn Machmal, wenn Sie ihm Bericht erstatten. Er ist ein alter Freund von mir."

„Aber gerne doch", knurrte Maik zwischen zusammengebissenen Zähnen hindurch.

Ungeduldig wartete er ab, bis die alte Mäusedame außer Sicht war. Dann kletterte er erneut den wankenden Halm hinauf. Mit schwitzenden Pfoten griff er gleich nach der ganzen Ähre und begann, mit aller Kraft zu ziehen.

„He, das darfst du nicht!", schimpfte auf einmal eine hohe, kindliche Stimme von unten.

So ein miefiger Mäusemist aber auch!, schimpfte Maik in Gedanken. Dann warf er über seine Schulter hinweg einen Blick auf den Besitzer der lästigen Piepsstimme.

Unter ihm sammelte sich eine ganze Horde von Mäusekindern.

„Der Typ klaut den Armen die Körner weg!", erklärte gerade ein kleiner Bengel, der sich eine Daunenfeder hinters Ohr gesteckt hatte – offensichtlich der Anführer der Bande.

„Klasse, wir haben einen Verbrecher auf frischer Tat ertappt!", freute sich ein anderes Kind.

„Verbrecher?", rief Maik empört. Der Getreidehalm knirschte besorgniserregend, als er sich bewegte. „Ihr rotzfrechen kleinen Wichtigtuer, ihr habt ja keine Aaaah…!" Gerade als er „Ahnung" sagen wollte, brach die Ähre mit einem lauten Knacken ab und Maik sauste nach unten. Die Ähre hielt er mit

Armen und Beinen fest umklammert, was seinen Flug allerdings in keiner Weise verlangsamte.

„Uffff!", keuchte er, als er mit dem Rücken hart auf den Boden aufschlug. Einen Moment lang war ihm schwarz vor Augen. Dann konnte er wieder klar sehen, und zwar in mindestens zehn grimmige, kleine Mäusegesichter, die vorwurfsvoll auf ihn hinab starrten.

„Schämst du dich nicht?", fragte ein winziges Mäusemädchen mit einer rosa Schleife am linken Ohr.

Maik hustete.

„Wie kann man nur den armen Mäusen aus dem Osten die Körner stehlen?!", fragte ein dicker Mäusejunge und stemmte die Pfoten in die Hüften. „Gut, dass Onkel Maximilian uns beauftragt hat, nach dem Rechten zu sehen. Sonst wär der Dieb noch ungeschoren davongekommen."

„Sehe ich vielleicht aus wie ein Dieb?", krächzte Maik und versuchte, so unschuldig auszusehen wie ein frisch gelegtes Taubenei.

„Ja!", erwiderte der Anführer der Bande nach einem kurzen Blick auf die Ähre, die Maik noch immer umklammert hielt. Die anderen Mäusekinder nickten.

Mist, Mist, Mist!, dachte Maik, während er sich stöhnend wieder aufrichtete. Sein mittlerweile schon geübtes Hirn arbeitete derweil an der nächsten Lüge, um ihn aus dieser Situation zu retten.

Maik setzte ein ziemlich misslungenes Lächeln auf. „Das habt ihr gut gemacht, Kinder, sehr gut! Ihr habt den Test bestanden!"

„Was für'n Test?", fragte der dicke Junge misstrauisch.

„Na, den Kornfeldbewacher-Eignungstest!", sagte Maik.

Die Kinder warfen sich zweifelnde Blicke zu.

„Äh… Maximilian Machmal hat mich persönlich beauftragt, eure Wachsamkeit zu überprüfen. Er war sich nicht ganz sicher, ob ihr das hinbekommt. Aber ihr wart großartig."

Die Kinder wirkten nicht ganz überzeugt.

„Und deshalb kriegt jeder von euch auch ein Korn zur Belohnung!", ergänzte Maik hastig.

Bei diesen Worten entspannten sich die Mienen der kleinen Hilfspolizisten. Maik begann mit verkniffener Miene, Körner zu verteilen. Seine ohnehin schon miese Stimmung wurde immer schlechter, als er sah, wie eifrig die gierigen kleinen Pfoten zugriffen. Da er es nicht für ratsam hielt, an dieser Stelle geizig zu sein, leerte sich die Ähre sehr rasch. Aber Maik gelang es, sie so zu halten, dass die Kleinen ein letztes Korn übersahen.

„Oh, alle", sagte das kleine Mäusemädchen enttäuscht.

Maik widersprach nicht.

„Na gut", meinte der Anführer. „Vielen Dank für die Belohnung, aber wir müssen jetzt weiter!"

Die kleinen Racker verabschiedeten sich und machten sich auf die Suche nach weiteren Verbrechern.

Erleichtert sah Maik ihnen hinterher und pflückte das letzte Korn aus der Ähre. Er wollte gerade hineinbeißen, als eine barsche Stimme ihn aufforderte: „Ihren Personalausweis und die Vereinsmitgliedskarte bitte!"

Er fuhr herum und blickte in die strengen Augen von Polizeioberwachtmeister Martin Magnix.

„Äh... meinen P-p-p... und meine V-v-v...", stammelte Maik. „Die habe ich... gerade hier verloren."

„So, so", brummte der Oberwachtmeister.

„Dann kam eine Rasselbande von mindestens zehn Kindern vorbei und half mir netterweise beim

Suchen!" Inzwischen log Maik schon fast automatisch, ohne darüber nachzudenken. „Aber leider" – er zuckte bedauernd mit den Achseln – „haben wir meine Papiere nicht gefunden. Aber eine

Belohnung musste ich ihnen natürlich trotzdem geben." Er deutete auf die zerfledderte Ähre. „Ein Korn ist noch übrig. Wollen Sie mal probieren?"

Der Polizist sagte nichts, machte sich aber auf einem Buchenblatt eifrig Notizen.

Maik wurde ganz blass.

Ohne aufzusehen, fragte Oberwachtmeister Martin Magnix: „Ihr Name?"

„Öh… Matze Murks", log Maik.

Der Polizist hob die Brauen und schrieb eifrig weiter. Endlich klemmte er sich seinen Stift hinters Ohr und meinte: „So, Herr Mampf…"

„Wieso Mampf…?

„Meine Nichte Merle Mäusespeck war mit Ihnen in einer Schulklasse! Daher weiß ich, wie Sie wirklich heißen", erklärte der Polizist. „Also, da haben wir ja eine schöne Sammlung an Straftaten beisammen: unbefugtes Betreten von Privatgelände, Diebstahl, Einbeziehung Minderjähriger in eine Straftat, Vortäuschung einer Vereinsmitgliedschaft, Belügen der Staatsgewalt und nicht zuletzt: versuchte Bestechung eines Polizeibeamten im Dienst! Das macht dann…" – er holte den Stift wieder hinter dem Ohr hervor und kritzelte auf sein Blatt – „…ein Bußgeld von insgesamt

457 Mäusemark und 19 Käsecent." Er reichte Maik den Zettel. „Ich erwarte Sie morgen früh um acht auf dem Polizeirevier. Das Korn nehme ich mit. Als Beweismittel. Einen schönen Tag noch."

Den Strafzettel in der rechten und die leere zerfledderte Ähre in der linken Pfote schlurfte Maik mit hängenden Schultern nach Hause.

Kurz bevor er sich in sein Mauseloch verkriechen konnte, bemerkte er Merle, die fröhlich grinsend auf ihn zukam. Sie sah satt und sehr zufrieden aus. „Hallo, Maik!", rief sie schon von Weitem. „Wie war's bei deinem Onkel Manfred?"

„Hmrpf", brummte Maik.

Als Merle bei ihm angelangt war, deutete sie auf die leere Ähre, die er noch immer in der Pfote hielt. „Wie ich sehe, bist du auf die gleiche Idee gekommen wie ich."

„Wohl kaum", murmelte Maik. Um von seinen Untaten abzulenken, fragte er: „Was hattest du für eine Idee?"

„Die Körner sahen so lecker aus", sagte Merle fröhlich. „Ich konnte nicht anders und lief gleich hinüber zu Maximilian Machmal und fragte, ob ich dem Verein eine Ähre abkaufen dürfe. Du glaubst nicht, was er gesagt hat!"

„Meinte er zufällig, das kostet dich: 457 Mäusemark und 19 Käsecent?", brummte Maik.

„Nein, er sagte: *Ach, das ist ja nett, dass Sie so höflich fragen. Die meisten Leute kommen eher auf den Gedanken, die Körner zu stehlen. Wissen Sie was, wir werden dieses Jahr eine so gute Ernte haben – ich schenke Ihnen eine ganze Ähre, als Lohn für Ihre Ehrlichkeit!*" Merle strahlte. „Toll, was?"

Maiks Gesicht lief knallrot an. Er knirschte mit den Zähnen, ballte die Fäuste, und aus seinen Ohren stiegen kleine Dampfwölkchen in den Himmel. Das sah ein bisschen merkwürdig aus. Aber Mäuse machen so etwas manchmal... wenn sie stinksauer auf sich selber sind.

Als Gott uns vor langer Zeit

die zehn Gebote gab, da sagte er auch, dass wir nicht lügen und stehlen sollen.

Siehe 2. Mose 20,15-16

Und Jesus macht klar, dass Gott nie etwas von uns fordert, um uns zu ärgern oder zu unterdrücken. Wenn er etwas von uns verlangt, dann weil er genau weiß, was besser für uns ist. Auch wenn wir das nicht immer sofort verstehen. Denn er meint es wirklich gut mit uns.

Siehe Matthäus 12,27-30

Mission Opossum – ein neuer Auftrag für Superbert

Auf einem Hügel direkt neben einem Bach stand Bert der Biber und nagte nachdenklich an der Unterlippe.

„Okay, mal überlegen", brummte er, „wenn die Birke dort lang fällt, müsste sie quer über den Bachlauf direkt neben dem Haselnussbusch aufschlagen. Super! Dann habe ich schon den halben Staudamm fertig." Er kratzte sich am Kopf und schielte nach links zu seinem Biberbau. „Wenn sie allerdings da rüber fällt, macht sie mein Wohnzimmer platt." Bert zog die Nase kraus. „Da sollte mir besser kein Fehler passieren…" Er hielt inne, denn ein lautes Brummen begann die Luft zu erfüllen. Ein Schwarm Bienen kam angebraust und allem Anschein nach waren die fleißigen Kerlchen spitze drauf.

Mit ihren hohen Stimmchen sangen sie ein Lied, das ungefähr so klang:

Ein Hoch auf unsre Isabel,
die hilft andern turboschnell.
Sie fand nämlich genau diese
wunderschöne Blumenwiese.
Futter gibt es jetzt genug!
Isabel ist ganz schön klug.
Hast du einen Flügelbruch
gibt es einen Superspruch:
Rufe einfach Isabel,
denn die hilft dir turboschnell.

„Hey, was macht ihr denn hier für einen Lärm?", unterbrach Bert den Bienen-Song.

„Wir feiern!", entgegnete eine der Bienen. „Die Königin hat unserer Freundin Isabel die heftige Helfermedaille in Honiggold verliehen."

„Ach so", erwiderte Bert ratlos. Er starrte auf die kleine Biene mit der winzigen Medaille. „Und was hast du davon?"

„Äh...", die kleine Biene war von der Frage offenbar überrumpelt, aber eine Freundin antwortete: „Neben der Medaille hat sie eine Superluxuswabe mit Wachswhirlpool und Honigbar erhalten."

„Im Grunde müsste sie nie wieder arbeiten", ergänzte eine andere.

„Oh." Bert hob die Augenbrauen. „Alle Achtung." Man hilft so ein bisschen und schon finden alle dich toll, du bekommst eine warme Luxusbude und hast immer was zu futtern – das klingt doch ziemlich klasse. „Und wie hast du das angestellt?", wandte er sich an Isabel. „Ich meine, woher wusstest du, wie das mit dem Helfen funktioniert und so?"

„Oh, da gibt es einen ganz einfachen Trick: Behandle andere so, wie du auch behandelt werden möchtest."

„Das ist alles?", fragte Bert.

„Ja."

„Klingt gar nicht so kompliziert. Ich glaube, das mach ich auch."

Allerdings traf Bert in den nächsten Tagen einfach niemanden, dem er hätte helfen können. Und so musste er sich weiter mit dem Bau seines Staudamms und dem Anlegen seines Wintervorrats abmühen.

Missmutig stapfte er nach einer stürmischen Herbstnacht zu der dicken Eiche, an der er schon zwei Tage lang nagte.

„Halt!", erklang plötzlich eine schrille Stimme.

Bert verharrte mitten in der Bewegung.

„Keinen Schritt weiter! Du latschst mir ja gleich auf den Kopf!"

Nun senkte der Biber den Blick und entdeckte eine winzige Blaumeise, die sich die schlammige Uferböschung hinaufkämpfte, während sie ein zerzaustes Bündel Zweige hinter sich her zerrte.

Bert setzte seinen Fuß wieder ab. „Was machst du denn da?"

„Ich versuche zu retten, was zu retten ist", erwiderte die Blaumeise. „Dieser blöde Sturm hat mein Nest vom Baum gefegt."

„Warum baust du denn kein neues?"

„Sehr witzig, was glaubst du, was ich hier mache?", piepste die Blaumeise zu ihm empor.

„Keine Ahnung. Von hier aus sieht es aus, als ob du den Weg fegst."

„Ich versuche, mein Nest zu retten!"

„Und warum benutzt du deine Flügel nicht?"

„Weil…", der kleine Vogel starrte zu ihm hinauf, „… weil ich mir den Flügel beim Sturz angeknackst habe. Ich kann nicht mehr fliegen."

„Oh, das ist Pech", kommentierte Bert.

„Zu Fuß werde ich mein Nest niemals an einen sicheren Ort bringen können", seufzte die kleine Blaumeise.

„Ja, das denke ich auch."

„Wahrscheinlich werde ich hier unten elendig erfrieren, verhungern und gefressen werden." Eine Träne kullerte ihre Wange hinab.

„Tja", sagte Bert, „sieht ganz danach aus."

„Ich bin ganz allein…", piepste die Blaumeise.

Bert kratzte sich an den Ohren.

„Und alleine schaffe ich das niemals…"

„Hm", brummte Bert nachdenklich.

Der Vogel schniefte.

Bert kniff die Augen zusammen. Dann hellte sich sein Gesicht plötzlich auf: „Du brauchst Hilfe, stimmt's?"

„Nun ja…", die Blaumeise blickte von den traurigen Resten ihres Nests zu ihrem verstauchten Flügel und dann wieder zum Bieber hinauf. „Ich würde sagen, da hast du ins Schwarze getroffen."

Wie war das doch gleich?, erinnerte sich Bert. *Behandle die anderen so, wie du auch behandelt werden möchtest – das ist ja popeleinfach*: „Du brauchst 'ne neue Bude, stimmt's?"

„Oh ja." Die Augen der kleinen Blaumeise leuchteten auf.

„Prima. Ich weiß auch schon, was wir machen. Wir nehmen Oma Berthas Ferienwohnung."

„Hä?"

„Komm mit."

Bert schnappte sich die kleine Blaumeise und schüttelte die Reste ihres Nests ab. „Das Zeug brauchst du nicht mehr."

„Aber..."

„Ich weiß was Besseres."

Er spazierte bis zur nächsten Bachbiegung. „Guck mal." Er zeigte der kleinen Blaumeise einen alten Biberbau mitten im Bach. „Toll, was?" Er stapfte die Böschung hinab. „Schon ein bisschen morsch, aber im großen und ganzen noch brauchbar."

„Aber du kannst doch nicht...", protestierte der Vogel.

„Natürlich, mach dir keine Sorgen, Oma Bertha hat bestimmt nichts dagegen."

„Aber ich kann doch gar nicht schw..."

Platsch! Bert war mit der kleinen Blaumeise in der Pfote ins Wasser gesprungen. Mit kräftigen Schwimmstößen tauchte er zum unterirdischen Eingang des Biberbaus. Er schlüpfte hinein und setzte die pitschnasse und schlotternde Blaumeise inmitten der dunklen Höhle auf einen nassen Ast. „Cool hier, was?" bemerkte er nicht ohne Stolz.

Der kleine Vogel klapperte vor Kälte mit dem Schnabel: „Kkk...kkk..."

„Was?"

„Kkk...kkkalt."

„Kuschel dich einfach an den Holzklotz da drüben, dann wird das schon wieder." Er grinste sehr zufrieden. „So. Ich muss dann mal wieder."

„Aaaber, dddu kkannst dddoch nnnicht einfach..."

„Klar, kann ich. So sind wir Biber: immer hilfsbereit. Du brauchst mir nicht zu danken."

Mit einem warmen Gefühl im Bauch schwamm Bert zurück ans Ufer. Da hatte der kleine Piepmatz nicht schlecht gestaunt. Omas Bau war viel besser als das winzige Nest, das er verloren hatte.

Am Ufer schüttelte er das Wasser aus dem Fell. Das war doch gar nicht so schwer. Sehr zufrieden mit sich selbst wanderte Bert zu seinem Nageplatz.

„Hier muss es sein. Jetzt weiß ich!" Ein aufgeregtes Eichhörnchen hastete an ihm vorbei und fing an, zwischen den Wurzeln einer Linde ein Loch zu buddeln. „Mist. Hier ist es auch nicht!" Es richtete sich auf, schnüffelte hilflos nach rechts und dann wieder nach links. „Ich hatte mir doch extra so einen schönen Spruch ausgedacht:

*An der dritten Birke links
grab mal lieber nicht, da stinkt's.
An der Linde musst du suchen.
Da gibt's leck'ren Eichelkuchen;
manchmal auch beim Haselstrauch,
das war schon bei Opa Brauch."*

Es spurtete hinüber zu einem Haselnussstrauch und fing wild an zu graben. Modrige Blätter und Erdkrumen flogen durch die Gegend und regneten auf Bert hinab.

Der Biber kaute nachdenklich an der Unterlippe.

Irgendwann hielt das Eichhörnchen erschöpft inne. Es patschte sich mit der verschmierten Pfote an die Stirn und japste. „So ein Mist! Wie kann man nur so blöd sein. Ich hab's vergessen. Ich hab's echt vergessen!"

„Was hast du vergessen?", fragte Bert.

„Na, wo mein Wintervorrat ist, natürlich!"

„Oh, ich verstehe." Der Biber kratzte sich nachdenklich am Kinn. „Du brauchst wohl Hilfe, was?"

„Das wär jetzt nicht das Schlechteste", erwiderte das Eichhörnchen hoffnungsvoll.

„Sag mal, was hältst du eigentlich von Eichen?"

„Na ja. Ich bin ein Eichhörnchen." Das Tier kicherte. „Ich mag Eichen."

„Na dann, mir nach!"

Bert kam an seinem Nageplatz an und machte sich gleich daran, die Eiche zu bearbeiten, an der er in den letzten Tagen genagt hatte. Seine scharfen Zähne ließen die Holzspäne fliegen. Das Eichhörnchen wuselte aufgeregt umher. „Was machst du da eigentlich?"

„If arbeite", entgegnete Bert, ohne seine Tätigkeit zu unterbrechen. Schließlich gab es ein markerschütterndes Knirschen. Bert hielt zufrieden inne. „Achtung. Baum fällt!"

Der Baumriese neigte sich.

Mit großen Augen starrte das Eichhörnchen nach oben.

Es knirschte und knackte. Die riesige Eiche fiel donnernd zu Boden.

„Hilfe!" Das Eichhörnchen hechtete beiseite und entkam um Haaresbreite einem Ast, der mit voller Wucht auf den Boden krachte. „He, was soll denn das? Willst du mich umbringen?"

Großzügig deutete Bert auf den gefällten Baum: „Hier! Die Hälfte gehört dir."

„Hä?"

„Ist nicht so süß wie Kiefernrinde, aber ziemlich nahrhaft."

„Rinde? Ich ... ich ... ich esse doch keine Rinde."

„Solltest du aber, die schmeckt nämlich prima", erwiderte der Biber.

Das Eichhörnchen versuchte etwas zu erwidern, aber es kam nur ein verdutztes Krächzen aus seiner Kehle.

„Schon gut, gern geschehen." Bert tätschelte dem Eichhörnchen die Schulter, so dass es ächzend in die Knie ging. Dann wandte er sich zufrieden ab und schlenderte auf seinen Bau zu.

„Aber ..., ich bin doch ein Eichhörnchen!", rief das kleine Tier hinter ihm her, als es seine Stimme wiedergefunden hatte.

„Ich weiß", rief Bert fröhlich zurück. „Echt nett von mir, dass ich dir trotzdem geholfen habe, was?" Bert rieb sich zufrieden die Hände. Das war nun schon die zweite gute Tat an einem einzigen Tag. Allmählich kam er richtig in Fahrt. Wahrscheinlich würde er schon bald eine richtige Berühmtheit in dieser Gegend werden. Vielleicht sollte er sich allmählich einen Spitznamen zulegen, so etwas wie: *Superbert, der barmherzige Biber.*

Als er in die Nähe seines Baus kam, hörte er ein aufgeregtes Stimmengewirr. „Wir müssen die Verteidigungsanlagen verstärken!... Wo bleiben die Wachen? Ich will hier sofort eine Kompanie Soldaten haben! Schafft die Larven und das Futter tiefer in den Bau..."

Nun bemerkte Bert Hunderte von Ameisen, die aufgeregt um ihren Bau herumwuselten. „Hey Kumpels, was ist los?"

Eine winzige Ameise, die sich mit einer trockenen Tannennadel abmühte, rief: „Stell dir vor: Unsere Kundschafter haben soeben eine neue Kolonie Roter Waldameisen ganz in der Nähe entdeckt."

„Aha, und wo ist das Problem?"

„Machst du Witze? Wenn die unser Nest finden, sind wir geliefert. Die machen uns platt wie 'n Blatt."

„Verstehe." Bert richtete sich auf und ließ mit Kennermiene seinen Blick über das Gelände schweifen. „Kein Problem für Superbert, den barmherzigen Biber. Ich werde euren Bau uneinnehmbar machen."

„Echt jetzt?", fragten die Ameisen verblüfft.

„Wartet's nur ab."

Und damit verschwand er in der Uferböschung. Kurz darauf konnten die Ameisen ein lautes Knabbern und Knurpseln vernehmen. Zwanzig Minuten später hörte man den Ruf: „Baum fällt!" Holz krachte und splitterte und gleich darauf gab es einen Riesenplatscher, als ein Baum ins Wasser fiel.

Bert kam mit sehr zufriedener Miene zurück zum Ameisenbau geschlendert. „So, Freunde, der Job ist erledigt. In wenigen Minuten habt ihr eine astreine Wasserburg."

„Eine was…?", stammelten die Ameisen.

„Eine Wasserburg!", Bert grinste stolz. „Der Staudamm ist nicht ganz perfekt, aber ausreichend, um die Mulde, in der ihr wohnt, zu fluten. Dann seid ihr ringsherum von Wasser umgeben und keine Rote Waldameise kommt euch zu nahe. Toll, was?"

„Aber…"

„Ich weiß, es wäre nicht nötig gewesen, aber andern zu helfen, ist nun mal meine Mission."

„Aber du kannst doch nicht einfach…"

„Schon gut, ich hab's gern gemacht, schließlich bin ich Superbert, der barmherzige Biber. So, Freunde, jetzt muss ich aber weiter. Macht's gut!"

Bert schlenderte auf seinen Bau zu. Seine Pfoten patschten dabei ins Wasser. Die Mulde begann sich bereits zu füllen.

Hinter sich vernahm er die aufgeregten Rufe der Ameisen.

Na, die freuen sich aber, dachte Bert und spazierte zufrieden weiter. Vielleicht sollte er sich bald mal neue Klamotten beschaffen, so Heldenklamotten. Ein enges blaues T-Shirt mit einem BB und einen roten Umhang. Das würde bestimmt klasse aussehen. BB stand natürlich für Barmherziger Biber oder auch für Brillanter Biber. Vielleicht sollte er lieber gleich BBB daraus machen: Brillanter Barmherziger Biber!

Die Rufe und die panische Betriebsamkeit der Ameisen hinter sich überhörte er glatt.

Gerade als Bert sich mit der schwierigen Frage beschäftigte, ob er das BBB auf seinem Heldenkostüm lieber in Rot oder Gelb halten sollte, stapfte ihm ein missmutig dreinblickender, spitznasiger Kerl entgegen.

„Hey, wer bist du denn?", rief Bert. „Dich habe ich hier noch nie gesehen."

„Ich bin ja auch neu hier", brummte der Spitznasige. „Mein Name ist Otto. Otto das Opossum."

„Hallo Otto. Ich bin Bert der Biber. Sag mal, schaust du immer so grimmig oder hat dich gerade 'n Floh in den Po gezwickt?"

„Ein Floh? Ha! Wenn es nur das wäre. Irgend so ein Vollidiot hat meinen Wohnbaum gefällt und dann noch die ganze Gegend geflutet. Eigentlich bin ich gerade erst angekommen und nun bin ich schon wieder obdachlos."

„Du brauchst Hilfe!", kombinierte Bert erfreut.

„Könnte man so sagen", brummte Otto.

„Ein neuer Auftrag für Superbert!", rief der Biber grinsend. „Ich sehe schon die Schlagzeilen in der Waldzeitung:

Mission Opossum
Der barmherzige Biber findet
ein neues Zuhause für den
obdachlosen Otto!"

Das Opossum kratzte sich verwirrt am Kopf.

„Pass auf, ich habe eine Superidee …!", begann Bert, doch da wurde er von einem lauten Ruf unterbrochen:

„Hey! Hey, du da!"

Bert und Otto wandten sich um.

Ein zerzaustes Eichhörnchen hockte auf einem Ast und winkte dem Opossum warnend zu. „Wenn dieser Biber dir Hilfe anbietet, nimm die Beine in die Hand und flieh!"

„Moment mal!", empörte sich Bert.

Doch das Opossum fragte: „Was ist passiert?"

„Erst hat er mich beinahe mit einem Baum erschlagen und dann wollte er mich mit Rinde vergiften."

„Also wirklich!", Bert stemmte die Pfoten in die Hüften.

Ein blaugelbes, tropfendes Federknäuel hüpfte auf einen tiefer liegenden Ast. „Flieh, solange... Hatschi... solange du noch kannst!" Es war die schwer erkältete Blaumeise, die näselnd rief: „Mich hätte der Kerl beinahe ersäuft. Und dann hat er mich auch noch in eine finstere Höhle eingesperrt."

„Finstere Höhle!", rief Bert entrüstet.

Das Opossum bekam große Augen.

„Hilfe!", erklang ein Chor piepsiger Stimmen. „Der verrückte Biber ist wieder da! Rudert schneller, Jungs! Rudert um euer Leben!" Auf dem Bach sah man mehrere kleine Blätterkanus voller Ameisen vorbeitreiben. Die winzigen Tierchen fuchtelten wie wild mit ihren Blattstielpaddeln herum und versuchten, sich so schnell es ging stromabwärts zu bringen.

Bert starrte ihnen verdutzt hinterher.

So missmutig das Opossum eben noch gewesen war, so schnell war es nun. Bert hörte das Knacken von Ästen und sah gerade noch, wie der behaarte Po des obdachlosen Otto hinter einem dicken Baumstamm verschwand.

Mit einem Mal wurde es ganz still im Wald. Kein Vogel zwitscherte, kein Insekt krabbelte durch das Unterholz. Alle hatten die Flucht ergriffen.

Nachdenklich nagte Bert an seiner Unterlippe. Allmählich beschlich ihn der Verdacht, dass er irgendetwas falsch gemacht hatte, aber was nur?

**Wenn ich anderen
Gutes tun will,**

dann muss ich sie verstehen. Ich muss lernen zu denken und zu fühlen wie sie. Erst dann kann ich ihnen so helfen, wie sie es verstehen können und wie sie es wirklich brauchen.

Nach 1. Korinther 9,19-23

Wie Kuni das Unmögliche tat

Es war später Nachmittag und die geschlossenen Läden ließen nur gedämpftes Licht in den Stall. Verzweifelt sah Kuni in die Gesichter ihrer Mitbewohner, die sie erwartungsvoll anblickten. Dann stieß sie einen kläglichen Seufzer aus: „Ich kann es nicht tun, ich kann es einfach nicht!" Sie schüttelte sich, dass das Euter unter ihrem Bauch nur so schwabbelte.

„Wenn du so weitermachst, produzierst du beim Melken Sahnehäubchen", brummte Alois der Ackergaul.

„Das ist mir egal", erwiderte Kuni und schauderte noch einmal vor Entsetzen. „Alles ist mir lieber als ... das!"

„Ich kann ja verstehen, dass es dir unangenehm ist", setzte Gerda die Gans an. „Aber ..."

„UNANGENEHM?", kreischte Kuni. „Weißt du überhaupt, was du da sagst? Wenn ich beim Grasen versehentlich eine Nacktschnecke verschlucke und Durchfall bekomme, dann ist das unangenehm. Wenn der Bauer wieder mal Touristen zum Melken einlädt und die an meinem Euter rumquetschen, als versuchten sie, jemanden zu erwürgen, dann könnte man das als unangenehm bezeichnen. Es ist unangenehm, wenn dir eines dieser verflixten Hühner vom Dachbalken aus auf den Kopf macht. Aber das? Das ist nicht unangenehm, das ist mein Ende. Das überlebe ich nicht!"

„Findest du nicht, dass du ein bisschen übertreibst?", meinte Borsti das Hausschwein und kratzte sich an der Schwarte.

„Nein!", keifte Kuni und peitschte empört mit dem Schwanz.

„Lass uns die Sache doch einmal vernünftig angehen", sagte Gerda die Gans versöhnlich. „Du selbst hast uns doch erzählt, was du getan hast. Und du kennst die Regeln auf diesem Bauernhof. Du weißt, dass es nur eine Möglichkeit gibt, es wieder in Ordnung zu bringen. Also tu es einfach. Bring es hinter dich."

„N-n-jaa", druckste Kuni, „aber könnte man nicht einmal eine Ausnahme machen? Ich meine, nur für dieses eine Mal. Man muss ja nicht bäuerlicher als der Bauer sein, oder?"

„Ach, Kuni", seufzte Alois. „Seit wie vielen Nächten kannst du schon nicht schlafen?"

„Ich – nicht schlafen? Wer sagt, dass ich nicht schlafen kann?"

„Ich zum Beispiel", brummte Borsti. „Seit drei Nächten latschst du in deiner Box auf und ab, als würdest du für die Olympiade im Wettlatschen trainieren. Dabei seufzt du alle 10 Sekunden so laut auf, dass ich kein Auge zukriege. Deine Augen sind schon so blutunterlaufen, dass man sie für Tomaten halten könnte."

„Okay, ich gebe zu, dass die Sache mich noch ein wenig beschäftigt", brummte Kuni und senkte den Kopf. Dann stieß sie verzweifelt aus: „Aber ich kann es einfach nicht. Versteht ihr das nicht? Es würde mich umbringen. Wollt ihr, dass ich elendig zugrunde gehe? Wollt ihr das?"

Gerda zuckte hilflos mit den Flügeln.

Alois zog die Stirn in Falten.

Borsti pupste.

Einen Augenblick lang herrschte Stille im Stall und man konnte nur noch Kunis keuchenden Atem vernehmen. Dann sagte Alois der Ackergaul: „Kannst du dich noch daran erinnern, wie du so schreckliche Zahnschmerzen hattest?"

Kuni nickte zögernd.

„Es wurde von Tag zu Tag schlimmer, und wir haben dir ständig gesagt, dass du dir den Zahn ziehen lassen musst."

„Ja, aber du wolltest nicht, weil du solche Angst hattest", ergänzte Borsti. „Bald war deine Backe so dick angeschwollen, dass die Hühner dich im Verdacht hatten, du würdest ihre Eier darin spazieren tragen."

„Und dann", fuhr Alois fort, „als die Schmerzen so groß wurden, dass sie nicht mehr zu ertragen waren, da konntest du endlich zulassen, dass wir dich zu Stefan dem Stier brachten. Weißt du noch, wie erleichtert du warst, als der dann mit einem einzigen geschickten Hornstoß deinen Zahn herauskatapultierte?"

Kuni nickte.

„Siehst du, und so ähnlich ist es jetzt auch. Es geht nicht nur darum, dass du die Regeln befolgst. Du selbst tust dir den größten Gefallen damit."

„Meint ihr wirklich?", fragte Kuni zweifelnd.

Alois, Borsti und Gerda nickten bestätigend. Erwartungsvoll blickten die drei Freunde in Kunis große, braune Kuhaugen.

Diese begann am ganzen Leib zu zittern. „Nun... vielleicht habt ihr recht. Aber ich... ich glaube, mein Kreislauf bricht gleich zusammen. Seht ihr, wie ich zittere? Meine Nerven halten das nicht aus." Mitleidheischend blickte sie ihre Freunde an. Als diese nicht reagierten, verzog sie schmerzhaft das Gesicht und keuchte: „Oh... und jetzt bekomme ich auch noch einen Krampf. Hier." Sie hob einen Huf und stellte ihn gleich wieder ab. „Es geht einfach nicht. Ich kann nicht mal mehr laufen."

„Kuni", sagte Alois ernst und nickte bedeutungsvoll zum Stallausgang.

„Ist ja schon gut." Langsam und schwerfällig, als trüge sie ein schwangeres Nilpferd auf ihren

Schultern, schlurfte Kuni mit winzigen Schrittchen auf die Stalltür zu. Als sie auf den Hof trat, hatte sie das Gefühl, die ganze Welt würde plötzlich anhalten und sie anstarren.

Es dauerte fast zehn Minuten, bis sie die wenigen Meter überwunden hatte und an dem kleinen, etwas streng riechenden Stall ankam. Dort hielt sie kurz inne, holte tief Luft und klopfte leise mit dem Huf gegen die Tür. Zu ihrem Entsetzen war tatsächlich jemand zu Hause.

„Herein", ertönte eine meckernde Stimme.

Zögernd stieß Kuni die Tür auf, machte sich so klein wie möglich und quetschte sich durch die enge Tür. Da sie selbst die einzige Öffnung verdeckte, war es sehr düster im Stall. Man konnte lediglich zwei helle Augen und ein schemenhaftes Gesicht erkennen, das sie von unten herauf – wie es ihr schien, vorwurfsvoll – anstarrte.

„Es ... es tut mir leid", stammelte Kuni. „Ich war ungerecht und gemein zu dir. Dabei hattest du mir gar nichts getan. Ich brauchte einfach nur jemanden, an dem ich meine schlechte Laune auslassen konnte. Ich bitte dich, mir zu verzeihen."

„Vor vier Tagen hast du mich vor allen anderen beleidigt und jetzt kommst du und bittest mich um Entschuldigung?", fragte Zora die Ziege mit einem schwer deutbaren Unterton in der Stimme.

„J-ja", sagte Kuni und ließ, in der Erwartung, dass sich nun der gerechte Zorn der Ziege über ihr entladen würde, die Schultern hängen.

„Okay", sagte Zora. „Entschuldigung angenommen. Willst du 'ne Möhre?"

„Ja", sagte Kuni, während ihr vor Erleichterung dicke, fette Kuhtränen aus den Kuhaugen kullerten. „Ich hätte sehr gerne eine Möhre."

Es ist Gott sehr wichtig, dass wir uns untereinander vertragen.

Wir können nicht auf der einen Seite so tun, als wären wir besonders gläubig und auf der anderen Seite gemein sein und andere fertigmachen.

Angenommen, du sitzt im Gottesdienst und singst gerade fröhlich ein Lied, und dann fällt dir plötzlich ein, dass du dich ziemlich fies gegenüber deiner kleinen Schwester oder einem Freund verhalten hast – dann ist es Gott wichtiger, dass du dich versöhnst, als dass du den Gottesdienst brav auf deiner Kirchenbank zu Ende bringst. Am besten, du versöhnst dich ganz schnell und bringst die Sache in Ordnung, selbst wenn das heißen würde, dass du mal flott aus dem Gottesdienstraum abzischst. Wenn du dann irgendwann später versöhnt dein Lied zu Ende singst, wirst du merken, dass es dir viel besser dabei geht.

Nach Matthäus 5,23-24

Hans und der Sturz in den Abgrund

Es war eine stockfinstere Nacht, als sich Hans der Hamster mit seinem alten Kumpel Karli dem Kauz auf den Heimweg machte. Zuvor hatten sie bis spät in die Nacht in Boppels Bar gesessen, Boppels Birkenbrause getrunken und über Politik gesprochen. Hans ärgerte sich sehr über die neue Hamsterpartei, die doch tatsächlich die – seiner Ansicht nach völlig bekloppte – Idee hatte, ein gemeinsames Vorratslager für alle Hamster einzurichten. Für alle Hamster zusammen! Noch immer konnte sich Hans kaum beruhigen.

„Ich soll meinen Vorrat mit anderen teilen?", schimpfte er, während er über den nachtschwarzen Pfad tappte. Dichte Wolken verdeckten Mond und Sterne und man konnte kaum etwas sehen. „Diese Hamsterpolitiker haben wirklich nicht mehr alle Körner in der Backe."

„Ich verstehe nicht, was du hast", meinte Karli der Kauz. „Wenn ihr alle eine große Vorratshöhle habt, dann können auch die Hamster den Winter überleben, die im Sommer Pech hatten und nicht so viel sammeln konnten."

„Pech? Ha, dass ich nicht lache. Ich weiß genau, wie das ablaufen wird. Ich sammele Körner, bis mir fast die Backen platzen, und andere legen sich auf die faule Haut. Und im Winter fressen die dann meinen Vorrat. Da mach ich nicht mit. Niemals!"

„Und was ist, wenn du dir bei den Walnussweitwurfmeisterschaften die Pfote verstauchst oder wenn du eine Hamsterbackenentzündung bekommst?", fragte Karli. „Dann wärst du auch froh, wenn andere dir helfen würden."

„Karli", sagte Hans ernst. „Du hast keine Ahnung. Wenn es hart auf hart kommt, ist man immer auf sich allein gestellt. Man kann niemandem trauen!"

„Niemandem?", fragte der Kauz. „Du vertraust wirklich niemandem?"

„Niemandem!", bestätigte Hans.

„Das ist traurig", meinte Karli kopfschüttelnd.

„Ich bin bis jetzt mit dieser Einstellung prima durchs Leben gekommen", erwiderte Hans.

Die beiden waren so sehr in ihr Gespräch vertieft, dass sie gar nicht merkten, wie sie in der Dunkelheit vom Weg abkamen. Ihnen fiel nicht einmal auf, dass es immer steiniger und steiler wurde.

„Schon mein Vater und mein Großvater haben so gelebt", erklärte Hans. „Opa sagte immer: ‚Am besten schmeckt die eigne Nuss – teilen bringt dir nur Verdruss. Niemandem kannst du vertrauen – alle wollen dir was klauen.'"

„Klingt ein bisschen einsam", meinte Karli.

„Quatsch", knurrte Hans, „Opa war immer spitze drauf, wenn ich ihn mal zufällig traf…"

Und dann geschah es! Mit einem Quieken, das jedem Meerschweinchen Ehre gemacht hätte, brach Hans mitten im Satz ab. Einen Augenblick lang fuchtelte er wild mit den Vorderpfoten in der Luft herum. Dann verlor er endgültig den Halt und rutschte ab. Er schlidderte ein lehmiges Bachbett hinab, prallte gegen einen Felsen, machte einen doppelten Salto, versuchte vergeblich, sich an vorstehenden Felsbändern festzuhalten und landete schließlich in einem dichten Busch. Gerade noch bekam er einen dünnen Ast mit beiden Vorderpfoten zu packen. Sein Sturz endete abrupt und Hans hing auf und ab wippend in der Finsternis.

„Wo bist du?", hörte er die besorgte Stimme von Karli rufen.

„Hier unten", hallte es jämmerlich durch die tiefe Schlucht. „Ich hänge an einem Ast."

Zu seiner Erleichterung hörte Hans wenig später das Rauschen von Flügeln. Sehen konnte er nichts. Dazu war es zu finster.

„Wie geht's dir?", fragte Karli. „Alles in Ordnung?"

„Ja", fauchte Hans. „Ganz wunderbar, es könnte gar nicht besser sein. Ich liebe es, in stockdunkler Nacht Schluchten hinabzustürzen, mir fast den Schädel einzuschlagen und dann an einem dünnen Ästchen über einem tödlichen Abgrund zu schweben. Ja, mir geht es wirklich großartig, danke der Nachfrage."

„Okay", erwiderte Karli trocken. „Offensichtlich bist du nicht ernsthaft verletzt."

„Und nun Spaß beiseite", sagte Hans. „Wie komme ich hier wieder weg? Kannst du irgendetwas erkennen?"

„Ich schau mir das mal genauer an", erwiderte Karli.

Hans hoffte inständig, dass der Kauz, der eine deutlich bessere Nachtsicht als der Hamster hatte, irgendeinen Ausweg finden würde. Leider schien dem nicht so zu sein, denn als Karli wenige Augenblicke später zurückkam und Hans ihn nervös fragte: „Und, wie komm ich hier runter?", antwortete der Kauz nur: „Einfach loslassen."

„Sehr witzig, wirklich sehr witzig. Sagt dir der Begriff ‚komischer Kauz' etwas?"

„Ich meine es ernst", erwiderte Karli. „Lass los. Das ist deine einzige Chance."

„Bist du irre, Mann?", rief Hans empört. „Willst du, dass ich mir alle Knochen breche?"

„Vertrau mir, dir wird nichts passieren."

„Vielleicht ist es dir noch nicht aufgefallen, aber ich kann nicht fliegen", knurrte Hans und versuchte, einen Krampf in seiner rechten Vorderpfote zu unterdrücken.

„Wieso? Du bist doch eben auch wunderbar geflogen", erwiderte Karli.

„Was?!"

„War nur 'n Scherz", beschwichtigte der Kauz.

„Ich hoffe, du nimmst es mir nicht übel, wenn ich darüber gar nicht lachen kann", zischte Hans, der zu seinem Entsetzen feststellte, dass seine Pfoten immer glitschiger wurden. „Ich kann mich nicht mehr lange halten", keuchte er.

„Dann lass besser los, bevor du noch 'nen Krampf kriegst", erwiderte Karli ungerührt.

„Meinst du das wirklich ernst?", fragte Hans.

„Natürlich meine ich es ernst. Vertrau mir. Lass einfach los."

Hans spürte, dass Karli ihn nicht in den Abgrund stürzen lassen würde, und er wusste auch, dass er sich nicht ewig an dem Ast festklammern konnte. Doch die Finsternis um ihn herum und der Gedanke an eine bodenlose Tiefe jagten ihm furchtbare Angst ein.

„Lass los", wiederholte Karli ruhig.

„Bist du dir sicher, dass das eine gute Idee ist?", jammerte Hans.

„Ja."

„Ganz sicher?"

„Absolut", versicherte Karli.

„Okay", sagte Hans. Innerlich zwang er sich dazu, bis drei zu zählen. *Bei drei lasse ich los,* sagte er sich selbst. *Eins, zwei, zweieinhalb, zweidreiviertel, fast drei und...* Er konnte es nicht! Es ging einfach nicht.

„Hans?", fragte Karli der Kauz nach einer Weile.

„Ja?"

„Du hältst dich noch immer fest."

„Äh... nun ja", sagte Hans und lächelte gequält, „ich hab mir die Sache noch einmal durch den Kopf gehen lassen. Im Grunde genommen ist meine Position hier gar nicht so schlecht. Der Ast ist eigentlich recht bequem, liegt gut in der Pfote

und irgendwie ist es ja auch eine interessante Erfahrung…"

„Hans", unterbrach ihn Karli, „warum vertraust du mir nicht?"

„Ich vertrau dir ja."

„Ach?"

„Ja wirklich, ich vertrau dir. Natürlich vertrau ich dir. Gar keine Frage... Ich bin mir nur nicht so sicher, ob du recht hast."

„Ah ja", sagte Karli und schwieg eine Weile.

„Karli?", fragte Hans, während er vor Schwäche am ganzen Leib zitterte. „Gibt es nicht doch noch eine andere Möglichkeit?"

„Ich fürchte, nein", erwiderte der Kauz.

„Gut, also dann..." Hans schloss ganz fest die Augen und dann, ganz langsam löste er seine verschwitzten und verkrampften Pfoten. Der Ast schnellte nach oben und Hans plumpste mit einem erstaunten „Ups!" auf den Boden, noch bevor er einen Angstschrei ausstoßen konnte.

In diesem Augenblick begann der Morgen zu grauen. Die dichte Wolkendecke riss auf und schwaches Licht drang zu ihnen hinab. Ungläubig und noch immer am ganzen Leib zitternd bemerkte Hans, dass er die ganze Zeit nur wenige Zentimeter über dem sicheren Boden geschwebt hatte.

Karli der Kauz landete neben dem noch immer keuchenden Hamster und zwinkerte ihm fröhlich zu.

Nachdem er einigermaßen zu Atem gekommen war, stemmte Hans die Vorderpfoten in die Hüften und brummte: „Findest du nicht, dass du mir da eine wichtige Information vorenthalten hast?"

„Findest du nicht, dass du dir eine ganze Menge Ärger erspart hättest, wenn du mir vertraut hättest?"

Die Antwort, die der Hamster in seinen Schnurrbart brummte, war zu leise, um sie verstehen zu können. Aber so viel sei gesagt: In dieser Nacht hatte Hans etwas gelernt, das er sein ganzes Leben lang nie wieder vergessen sollte.

Jesus sagt:

„Wenn ihr euch verlassen fühlt, wenn ihr nicht mehr weiterwisst und große Angst habt, dann bitte ich euch: Vertraut mir trotzdem. Denn ich sehe etwas, das ihr nicht sehen könnt. Ich habe diese Welt mit all ihren Gefahren, mit all den bösen Dingen, die es in ihr gibt, sogar mit dem Tod schon längst besiegt. Ich bin ganz nah bei euch, auch wenn ihr mich nicht sehen könnt."

Nach Johannes 16,33 und Matthäus 28,20

Der Zirkusdirektor und die affige Abstimmung

Eines Tages versammelte der Zirkusdirektor alle Tiere in der Manege und verkündete: „Hört mir mal genau zu, Leute. Ich muss für ein paar Tage auf Reisen gehen und unseren nächsten Auftritt organisieren. Ihr sorgt inzwischen dafür, dass der Laden weiterläuft. Das schafft ihr doch, oder?"

„Klar schaffen wir das", erwiderten die Tiere.

Aber es dauerte gar nicht lange, bis einige begannen herumzumaulen.

„Puh", seufzte Gerhard der Gorilla und stützte sich auf seine Mistforke. „Allmählich habe ich keine Lust mehr. Mein Fell ist schon ganz staubig von der vielen Plackerei." Er trommelte sich auf die Brust, dass die Fusseln nur so stoben. „Es ist nicht meine Bestimmung, Heu zu stapeln", maulte er. „Ich bin ein Künstler!"

„Wem sagst du das!" Anton der Araberhengst nickte beifällig mit dem Kopf. Dann kickte er grummelnd einen Heuballen in die Ecke, sodass sich Sprotti die Springmaus nur mit einem gewagten Hechtsprung vor einer Heuballenzerquetschung retten konnte. Zu ihrem Unglück landete sie genau in dem reich gefüllten Spucknapf von Ludwig dem Lama. Weder Anton noch Gerhard achteten auf ihr empörtes Piepsen.

„Komm zum Zirkus, hieß es damals", grummelte Gerhard, „dann wirst du berühmt, hieß es. Alle werden dich bewundern. Ha! Stattdessen werde ich hier ausgenutzt wie der letzte… Affe. Und die anderen liegen auf der faulen Haut!" Er schüttelte seine mächtige Faust so drohend, dass Sprotti die Springmaus wieder freiwillig in den Spucknapf zurückplumpste.

„So ist es", bestätigte Anton der Araberhengst. „Charlotte die Schlange zum Beispiel hat noch nicht einen einzigen Handschlag gemacht."

„Und hast du Ferdinand den Floh schon mal einen Heuballen schleppen sehen?", knurrte Gerhard.

„Nö! Noch nie!" Anton schüttelte empört den Kopf.

„Dieser Zirkus ist ungerecht!", sagte Gerhard. „Und ich werde das nicht mehr länger hinnehmen."

„Ganz recht", bestätigte Anton. „Ich denke, wir sollten sofort eine Tiervollversammlung einberufen."

„Gute Idee", schnaubte Gerhard.

Nach der Abendvorstellung versammelten sich alle Zirkustiere in der leeren Manege. Aufgeregt plapperten sie durcheinander.

Gerhard hob beide Arme. Nichts passierte. Komisch, dachte er bei sich, beim Zirkusdirektor werden dann immer alle still. „Ruhe!", rief er. „Alle mal herhören!"

Alle Pferde schauten ihn an. Aber das hatten sie vorher auch schon getan. Der Rest schnatterte fröhlich weiter.

„Also gut", knurrte Gerhard. „Ihr habt es nicht anders gewollt." Mit einem raschen Griff schnappte er sich Sprotti die Springmaus und warf sie Elke der Elefantendame auf den Kopf.

„Igitt!", kreischte Elke. „Eine Maus, eine Maus!" Sie stieß ein ohrenbetäubendes Trompeten aus und sprang auf das Podest von Hugo dem Hängebauchschwein, das daraufhin donnernd zusammenbrach. Sprotti die Springmaus segelte in hohem Bogen durch die Luft und landete direkt in Antons Pferdeäpfeln. Das bewahrte sie zwar vor einem Beinbruch, ruinierte aber auch den Effekt der Rosenseife, mit der sie sich gerade erst von Ludwigs Spucke befreit hatte.

Augenblicklich wurde es mucksmäuschenstill in der Manege – bis auf das leise Schimpfen von Sprotti, die sich mühsam aus den Pferdeäpfeln befreite. Schamrot im Gesicht schob Elke die Überreste des Podestes hinter sich und Gerhard der Gorilla ergriff das Wort: „Liebe Tiere und Tierinnen. Anton der Araberhengst und ich haben diese Versammlung einberufen, weil wir etwas sehr Wichtiges mit euch zu besprechen haben. Wir alle sind einst in diesen Zirkus eingetreten, weil wir an die gleichen Werte glaubten. Äh… Gleichheit, Einheit und Tierliebe."

„Genau!", jubelte Robbi die Robbe und klatschte eifrig in die Flossen.

„Äh, also ich bin eigentlich zum Zirkus gegangen, weil ich eine persönliche Abneigung gegen den Schlachter hatte", meldete sich Hugo das Hängebauchschwein.

„Und ich bin beim Zirkus, weil ich hier geboren wurde", sagte Ludwig das Lama und spuckte zur Bekräftigung auf den Boden.

„Und ich –", wollte sich Charlotte die Schlange melden, doch Gerhard fuhr ihr ins Wort: „Wie dem auch sei. Jedenfalls sind wir uns doch einig darüber, dass im Zirkus alle Tiere gleich sein sollten."

„Natürlich!", rief Robbi die Robbe und alle Pferde nickten im Gleichtakt.

„Und wenn alle Tiere gleich sind, müssen auch alle gleich behandelt werden und gleich viel Arbeit leisten."

„Na logisch", bestätigte Robbi die Robbe und klatschte begeistert in die Flossen.

Die Pferde wieherten bestätigend. Elke die Elefantendame runzelte die Stirn. Ludwig das Lama spuckte nachdenklich auf den Boden. Sprotti die Springmaus zupfte sich grummelnd etwas Pferdeapfel aus der Frisur und Ferdinand der Floh wurde nicht gehört.

„Und damit alles fair bleibt, schlage ich vor, dass wir abstimmen", sagte Gerhard. „Wer dafür ist, hebe bitte Hand, Pfote, Flosse oder Hufe."

„Äh, Moment mal…", meldete sich Charlotte die Schlange.

Doch Gerhard fuhr einfach fort: „So, dann wollen wir mal zählen. Alle Pferde melden sich. Mal sehen, das sind dann zehn, dazu kommen noch Robbi und ich selbst. Das ergibt insgesamt zwölf."

„Bravo!", jubelte Robbi.

„Wer ist dagegen? Aha, Ludwig und Hugo heben die Pfoten, das sind dann… He!" Ein Stück

Pferdeapfel flog knapp an Gerhards Kopf vorbei und empörtes Piepsen war zu vernehmen. „Okay, Sprotti meldet sich auch." Großzügig zählte Gerhard noch Elkes erhobenen Rüssel und Charlottes winkenden Kopf mit. Ferdinand den Floh allerdings übersah er. „Tja, Leute", sagte Gerhard und rieb sich die Hände. „Zwölf sind dafür und fünf dagegen. Damit ist die Sache wohl klar. Wir werden also die Arbeit schön gleichmäßig aufteilen, alle machen genau dasselbe, genau gleich oft. Ihr werdet sehen, es wird sein wie im Paradies."

Drei Tage später saß Gerhard der Gorilla auf einem Heuballen und wartete darauf, dass sich ein weiterer Ballen von der anderen Seite des Stalles auf ihn zu bewegte. „Nun mach schon, Ferdinand!", rief er. „Wir haben nicht ewig Zeit."

Mit viel Fantasie sah es fast so aus, als würde sich der Ballen tatsächlich einen Millimeter bewegen, aber sicher war Gerhard sich nicht.

Während er wartete, knabberte der große Gorilla ein wenig an einem Strohhalm und kratzte sich am Kopf. Das Leben war nun, wo sie alle gleich waren, deutlich bequemer geworden. Andererseits gab es auch das eine oder andere Problemchen. So waren beispielsweise die

Vorstellungen der absolute Reinfall. Am Anfang klatschten die Leute ja noch begeistert, wenn die Pferde in gleichmäßigen Reihen durch die Manege galoppierten, über Hürden sprangen und sich im Kreis drehten. Doch wenn gleich darauf ein Lama, ein Elefant und ein Hängebauchschwein genau das Gleiche aufführten, wurde der Applaus schon geringer. Spätestens wenn Gerhard, Charlotte und Robbi dieselbe Nummer zeigten, kamen die ersten Buhrufe und bei Sprottis und Ferdinands Auftritt waren die Zuschauerreihen bereits leer. Gerhard kratzte sich am Kopf. Offensichtlich hatten Zirkusbesucher kein Verständnis für Gerechtigkeit.

Ein leises Räuspern riss Gerhard den Gorilla aus seinen Gedanken. „Was machst du denn da?", erklang eine wohlbekannte Stimme hinter ihm. Es war der Zirkusdirektor.

„Ich? Äh, na ja, ich habe meinen Heuballen schon hier rüber getragen, und jetzt warte ich darauf, dass Ferdinand seinen bringt. Wir sind nämlich ein demokratischer Zirkus geworden und haben darüber abgestimmt, dass ab sofort alle gleich sind und deshalb auch jeder das gleiche... äh..." Gerhard war immer leiser geworden. Irgendwie klangen diese

Worte auf einmal auch in seinen eigenen Ohren nicht besonders überzeugend.

„Ferdinand der Floh?", fragte der Zirkusdirektor freundlich. „Habe ich dich richtig verstanden?

Du wartest darauf, dass Ferdinand der Floh einen Heuballen herschafft?"

Gerhard schluckte. „Gnnh. Äh, ja, es klingt jetzt vielleicht ein bisschen komisch... aber äh... na ja... die anderen wollten das so."

Der Zirkusdirektor blieb ganz freundlich, aber seine Augen schienen ein bisschen traurig zu blicken, als er fragte: „Die anderen wollten das so?"

„Äh... na ja, also icheigentlichaucheinbisschen", nuschelte Gerhard kleinlaut. „Wir dachten eben, es wäre fairer und einfacher für uns, wenn alle gleich wären und alle das Gleiche machen würden und so..."

„Hm", sagte der Zirkusdirektor und kratzte sich am Bart. „Vielleicht", grübelte er. „Vielleicht wäre es tatsächlich ein wenig einfacher, wenn alle gleich wären. Aber es wäre auch deutlich langweiliger. Und deshalb bin ich froh, dass ihr alle so unterschiedlich seid!" Dann schmunzelte er ein bisschen und sagte: „Weißt du, Gerhard, ich habe einen Gorilla in meinem Zirkus, damit er Sachen macht, die ein Gorilla kann. Ich habe ein Hängebauchschwein in meinem Zirkus, damit es Sachen macht, die ein Hängebauchschwein kann. Und ich habe einen Floh in meinem Zirkus, damit er Sachen macht, die ein Floh kann."

Gerhard hatte das starke Bedürfnis, sich in Ludwigs Spucknapf zu verkriechen. Doch leider war der viel zu klein.

„Ein Floh ist ein tolles Tier", fuhr der Zirkusdirektor fort: „Er kann unheimlich hoch springen. Er kann lustige Saltos in der Luft machen und anderen Leuten die Schuppen aus den Haaren ziehen. Aber weißt du, was ein Floh nicht kann?"

„Äh... Heuballen schleppen?"

„Sehr richtig", erwiderte der Zirkusdirektor.

Einen Augenblick lang sahen sich die beiden ernst an, dann grinsten sie ein bisschen und wenig später prusteten sie laut lachend los, der Gorilla und der Zirkusdirektor.

Übrigens: Noch am gleichen Abend stapelte Gerhard so schnell so viele Heuballen wie in seinem ganzen Leben noch nicht. Und aus irgendeinem Grund machte ihm das sogar Spaß.

Die Menschen haben sehr unterschiedliche Fähigkeiten und wissen auch unterschiedlich viel.

Deshalb ist es ja nur logisch und auch fair, dass nicht von allen das Gleiche erwartet wird. Wem sehr viel anvertraut wurde, von dem erwartet Gott auch mehr als von jemandem, der weniger kann oder weiß.

Nach Lukas 12,48b

Leon Teil 1 – Nur der Löwe ist der Löwe

Schorschi der Schakal und Henriette die Hyäne waren furchtbar aufgeregt. Leon der Löwe, der König der Savanne, hatte sie zu sich gerufen.

„Hört genau zu", sagte der Löwe. „Ich ernenne euch hiermit zu meinen Botschaftern, denn ihr seid schnell und ausdauernd. In drei Tagen findet eine große Savannenversammlung statt. Ich habe allen Tieren etwas sehr Wichtiges mitzuteilen. Werdet ihr sie für mich zusammenrufen?"

„Na klar, Chef", hechelte Schorschi, „wird gemacht."

„Ist kein Ding", bestätigte Henriette, „das haben wir im Pfotenumdrehen erledigt."

Leon nickte zufrieden und trabte davon.

„Ist ja irre, was?", meinte Henriette begeistert.

„Wir sind die königlichen Botschafter", sagte Schorschi und platzte fast vor Stolz.

Henriette warf ihm einen nachdenklichen Blick zu und kaute grübelnd auf den Lefzen. „Ich hoffe nur, die anderen glauben uns auch. Ich meine, 'ne Hyäne und 'n Schakal wirken auf den ersten Blick nicht gerade sehr königlich."

Schorschi nickte. „Weißt du was? Wir müssen einfach nur wie Löwen aussehen."

„Super", meinte Henriette sarkastisch. „Und wie willst du das anstellen?"

„Ach, das ist gar nicht so schwer. Das Entscheidende ist die Mähne und den Rest machen wir mit löwiglichem Auftreten wett."

Gesagt, getan. Die beiden bastelten sich aus Präriegras zwei Löwenperücken. Und sie fanden sich echt toll. In Wirklichkeit sah Schorschi aus wie ein wandelnder Staubwedel und Henriette hatte große Ähnlichkeit mit einem abgebrochenen Schrubber auf der Suche nach einem Scheuerlappen.

„Außerdem müssen wir die Botschaft etwas königlicher gestalten", sagte Schorschi voller Begeisterung. „*Savannenversammlung* klingt irgendwie öde. Vielleicht machen wir besser ein *Prärie-Event*[4] daraus oder ein *Steppen-Meeting*[5]."

---

4 Event ist ein englisches Wort und bedeutet „besondere Veranstaltung". Man spricht es „Iewent" aus.

5 Wahrscheinlich überrascht es euch nicht, dass „Meeting" auch ein englisches Wort ist. Die Leute benutzen gerne Wörter aus anderen Sprachen, wenn sie beeindrucken wollen. Meeting wird „Mieting" ausgesprochen und bedeutet „Treffen" oder „Zusammenkunft".

„Prima Idee, klingt richtig cool", meinte Henriette. „Aber was machen wir, wenn die anderen uns nicht glauben oder uns sogar auslachen?"

„Das wäre gar nicht gut." Schorschi runzelte nachdenklich die Stirn. „Schließlich sind wir ja jetzt wichtig. Wir sind königliche Botschafter."

„Ich hab's", meinte Henriette und grinste. „Wir drohen Strafen an für die, die nicht kommen wollen. Ich würde sagen, wer nicht kommt, wird verbannt."

„Oder aufgefressen", ergänzte Schorschi fröhlich.

„Apropos Fressen. Mir ist in letzter Zeit aufgefallen, dass viel zu viele Tiere Aas[6] fressen. Manchmal sieht das aus wie auf'm Grabbeltisch im Schlussverkauf. Da drängeln sich Geier, Krähen, Marabus, Füchse, Mungos, Wildhunde und selbst Paviane habe ich schon gesehen. Da bleibt für uns kaum etwas übrig. Das kann nicht im Sinne des Königs sein!", sagte Henriette und man konnte ihr die Empörung ansehen.

„Sehr richtig." Schorschi nickte ernst. „Für Aas sind wir zuständig! Bestimmt hätte Leon das den

---

6 So nennt man das Fleisch von Tieren, die vor einer Weile gestorben sind.

anderen längst gesagt, wenn er nicht so viel zu tun hätte. Ich schlage vor, dass wir unsere Botschaft ergänzen. Wer Aas frisst, fliegt raus!"

„Das könnten die Geier und die anderen Vögel missverstehen", gab Henriette zu bedenken.

„Na gut, dann eben: Wer Aas frisst, wird selber welches."

„Genial", sagte Henriette. „So machen wir's."

Voller Begeisterung machten sie sich auf den Weg. Als Erstes trafen sie Norman das Nashorn, und zwar im wahrsten Sinne des Wortes. Weil Henriette die Präriegrasperücke immer über die Augen rutschte und sie dadurch kaum etwas sehen konnte, rannte sie mit voller Wucht gegen Normans Bauch. Norman, der gerade seine dritte Mahlzeit verdaute und sich dabei die Zeit mit Fressen vertrieb, reagierte nicht sehr erfreut.

Brummend wandte er den Kopf und knurrte einen neben ihm stehenden Felsblock an. „Willst du dich mit mir anlegen, Kumpel?" (Man muss dazu sagen, dass Nashörner ziemlich kurzsichtig sind.)

„Wir... äh", meldete sich Schorschi. „Wir sind im Auftrag des Löwen unterwegs."

„Der König befielt niemandem, mir in den Bauch zu boxen!", knurrte Norman und wandte den Kopf, um nun einen Dornenbusch finster anzublinzeln. Er begann, drohend mit dem rechten Vorderhuf im Staub zu graben.

„Äh... na ja... weißt du was?", sagte Henriette und schlich langsam rückwärts. „Wir kommen später noch mal wieder und erzählen es dir dann, okay?"

„Wie?! Erst greift ihr mich an und dann wollt ihr euch einfach aus dem Staub machen?!", brüllte Norman einen Affenbrotbaum neben Schorschi an.

Schorschi und Henriette sahen einander an: „Nichts wie weg hier." Sie pesten los und konnten hören, wie Norman hinter ihnen den Baum zu Zahnstochern verarbeitete.

„Puh", seufzte Schorschi, als sie außer Sichtweite stehen blieben, um zu verschnaufen. „Das war knapp. Zum Glück ist der Kerl blind wie 'ne Blindschleiche."

„Ich glaube, wir sollten das Botschaften-überbringen erst ein bisschen trainieren", sagte Henriette ernst.

Schorschi nickte. „Am besten, wir fangen klein an."

Beinahe gleichzeitig fiel ihr Blick auf eine Familie von Mäusen, die in der Nähe emsig an ihrem

Bau arbeiteten. Wortlos sahen sich die beiden in die Augen und grinsten.

„He, ihr da!", brüllte Schorschi. „Keiner rührt sich."

Die Mäuse standen vor Schreck wie erstarrt da.

„Seine königliche Löwenheit, Leon I., hat uns, seine besten Mitarbeiter, berufen, euch eine Warnung zu überbringen", bellte Henriette hochmütig.

„Wenn auch nur eine einzige von euch jämmerlichen Gestalten in drei Tagen das Steppen-Meeting verpasst, werdet ihr bei lebendigem Leib verbannt", fuhr Schorschi fort.

„Und mit Haut und Haaren aufgefressen", ergänzte Henriette und zeigte ihr Raubtiergebiss.

„Ach ja", fügte Schorschi hinzu, „und wer Aas frisst, wird selber welches!"

Das Ergebnis war bemerkenswert. Mindestens drei der Mäuse fielen vor Schreck sofort in Ohnmacht und der Rest wurde so blass wie ein Zebra ohne Streifen.

Schorschi und Henriette waren von sich selbst ganz beeindruckt. Mit stolzgeschwellter Brust machten sie sich auf den Weg zu den anderen Tieren. Auch dort zeigte ihre Botschaft Wirkung. Die

Antilopen lasen ihnen jedes Wort von den Lippen ab. Die Zebras waren völlig aus dem Häuschen und die Gnus gerieten regelrecht in Panik. Selbst die Paviane waren eingeschüchtert.

Schorschi und Henriette machte ihre Rolle als königliche Botschafter so viel Spaß, dass sie regelrecht zu königlichen Schreckeinjägern wurden. Schließlich fühlten sie sich reif genug für den dicksten Brocken.

„Sieh mal", sagte Schorschi, „dort ist Erich der Elefant. Dem heizen wir mal richtig ein." Sie trabten näher.

„Los!" Henriette rammte Schorschi die Pfote in den Bauch.

Der Schakal versuchte sich an einem markerschütternden, königlichen Löwengebrüll, was ihm allerdings ziemlich kläglich misslang.

„Gesundheit", sagte Erich freundlich und zupfte sich mit dem langen Rüssel ein paar Blätter von einem Affenbrotbaum.

„Wir sind die löwiglichen Abgesandten seiner Löwenheit", warf sich Henriette in die Brust. „Höre unsere löwigliche Botschaft."

„Hä?", machte Erich und mampfte an seinen Blättern.

„Der König beordert alle Tiere zum Steppen-Meeting. Wer nicht erscheint, wird auf der Stelle gerichtlich gerichtet und zu lebenslanger Todesstrafe verbannt", verkündete Schorschi.

„Hä?", machte Erich und kratzte sich mit dem Rüssel am Kopf.

„Was macht ihr zwei Komiker denn hier?", meldete sich plötzlich eine Stimme hinter ihnen. Die beiden königlichen Boten fuhren herum. Es war Linda die Leopardin.

„L-l-l-linda", stotterte Schorschi und verzog die Schnauze zu einem dümmlichen Lächeln.

„Wir… äh…" Henriette wurde so rot wie ein Pavianpopo. „Wir sind im Auftrag des Löwen unterwegs."

„Aha." Linda lächelte und zeigte dabei ihr beeindruckendes Gebiss. „Er hat euch also gesagt, dass ihr euch Grasbüschel auf die Schädeldecke kleben und herumkreischen sollt, dass die Fledermäuse vor Schreck aus den Bäumen fallen, dass ihr in seinem Namen Strafen androhen und alle zu einem Steppen-Meeting scheuchen sollt, ja?"

„Och… na ja, nicht direkt", druckste Henriette.

„Wisst ihr, dass in der ganzen Savanne das Chaos ausgebrochen ist?", fragte Linda ernst.

„Zehn Mäuse mussten mit Herzkammerflimmern ins Buschkrankenhaus eingeliefert werden. Die Antilopen rasen kopflos hin und her und fragen jeden, ob das Prärie-Event nun in zwei oder drei Tagen stattfindet. Die Zebras streiken, weil ihr ihnen im Namen des Löwen gesagt habt, dass sie nur als Pasteten zu ertragen sind. Die Gnus sind abgehauen, weil sie offensichtlich irgendetwas falsch verstanden haben. Es gibt bald keine Grasbüschel mehr, weil die Paviane euch nachäffen. Außerdem stinkt es überall ganz erbärmlich, weil niemand mehr Aas frisst. Glaubt ihr ernsthaft, dass das in Leons Sinne war?"

„Ähm ... na ja", meinte Schorschi kleinlaut. „Wir dachten, wir könnten die Botschaft etwas aufpeppen."

„Und wir haben uns überlegt, dass es besser wirken würde, wenn wir löwiglicher auftreten", ergänzte Henriette.

„So, so, das habt ihr also gedacht", meinte Linda. „Wisst ihr, was ich glaube?"

Henriette und Schorschi schüttelten die Köpfe, dass ihnen beinahe die Perücken von den Köpfen wehten.

„Ich glaube, ihr dachtet, dass ihr besser seid als die anderen, weil der König euch beauftragt hat. Und dann habt ihr angefangen, euch selbst wie kleine Könige zu fühlen. Und je öfter ihr eure Botschaft weitergegeben habt, desto mehr habt ihr eure eigenen Ideen dazu gepackt und euch amüsiert, dass die anderen vor euch kuschen."

Henriette und Schorschi schluckten. „Und jetzt?", fragten sie kleinlaut.

„Jetzt solltet ihr hoffen, dass der wahre Löwe ganz anders ist als ihr beide. Denn ich werde euch nun zu ihm bringen."

Was Leon der Löwe mit Schorschi und Henriette zu besprechen hatte, ist ihre Privatsache. Nur so viel sei gesagt: Sie wurden weder gefressen noch verbannt. Und… Löwenperücken aus Präriegras kamen ganz schnell wieder aus der Mode.

Als Jesus auf der Erde lebte,

gab es Menschen, die hielten sich für superfromm und für etwas ganz Besonderes. Von allen wollten sie bewundert werden. Dabei dachten sie sich immer wieder was Neues aus, an das die Menschen sich halten sollten, und behaupteten: Gott will das so.

Jesus warnt diese Leute: „Merkt ihr denn nicht, dass ihr es anderen unglaublich schwer macht, Gott zu vertrauen? Ihr denkt euch sogar für die popeligsten Kleinigkeiten im Leben der Menschen ganz genaue Regeln aus. Aber das, was wirklich wichtig ist, nämlich fair und barmherzig zu sein und sich Gott mit allem, was uns bewegt, anzuvertrauen, das interessiert euch überhaupt nicht. Täuscht euch nicht; auf diese Art steuert ihr zielgenau an Gottes Reich vorbei."

Nach Matthäus 23,4;13,23

Leon Teil 2 – Die Königskinder und der fiese Popo

Lukas, Lisa, Lars und Layla wurden alle am selben Tag geboren. Sie waren Geschwister, Löwengeschwister. Als sie noch zu klein waren, um etwas davon mitzubekommen, musste ihr Papa auf Reisen gehen. Er war lange unterwegs, und noch bevor er wieder zuhause war, hatten ein Schakal und eine Hyäne eine Menge Chaos angerichtet, das nur er wieder in Ordnung bringen konnte.

Eines Tages jedoch, als die Kinder größer waren, versammelte die Löwenmutter die Geschwister, um ihnen etwas Besonderes mitzuteilen: „Ruhe! Alle mal herhören! Ruhe, hab ich gesagt! Lukas, hör sofort auf, Lars zu würgen. Keine Panik, Lisa, wir suchen deine Dornenbuschbürste später. Layla, komm sofort vom Baum runter! Ich habe euch etwas Wichtiges mitzuteilen. Lars, es wäre reizend, wenn du von meiner Pfote heruntergehen würdest. Nein, Lukas, du kannst später aufs Klo gehen. Also Kinder, jetzt seid mal eine Minute lang ruhig und hört mir zu. Heute ist der Tag gekommen, an dem ihr euren Vater besuchen könnt."

„Ey, cool, wir haben einen Vater", sagte Lukas.

„Natürlich habt ihr einen Vater", erwiderte die Löwenmutter. „Und zwar einen ganz besonderen. Er ist der König aller Löwen. Der Herrscher über die Tiere im ganzen Land. Lange Zeit war er unterwegs, denn der Frieden in der Savanne war bedroht. Aber nun ist euer Papa zurückgekehrt."

„Unser Papa ist der König aller Löwen?!", rief Layla aufgeregt.

„Moment mal, wenn Daddy ein König ist, dann bin ich ja ein Prinz", stellte Lars fest.

„Hey, dann sind wir ja voll reich", meinte Lukas.

„Ist er denn streng?", fragte Lisa.

„Ganz ruhig, Kinder. Euer Vater ist zwar der König, aber in allererster Linie ist er euer Papa. Also habt keine Angst, er hat euch lieb und freut sich auf euch."

„Ich hab keine Angst, ich bin ein Prinz", erwiderte Lars.

„Wo ist Papa denn jetzt?", fragte Layla.

„Er hat einige Fürsten der Tiere einberufen, um die große Savannenversammlung vorzubereiten…"

„Können wir ihn dort nicht besuchen?", fragte Lukas aufgeregt.

Die Mutter lächelte. „Das wird leider noch ein bisschen dauern. Wenn ihr heute Abend nicht hungern wollt, muss ich erst auf die Jagd gehen…"

„Oh nein!", rief Lukas.

„Das ist nicht fair!", schmollte Lars. „Erst erzählst du uns von Papa und dann dürfen wir ihn nicht sehen?"

„Wir können doch alleine zu ihm gehen, während du auf der Jagd bist. Schließlich sind wir schon groß!", behauptete Layla.

„Hm", brummte die Löwenmutter und dachte einen Augenblick nach. „Eigentlich habt ihr nicht Unrecht, es ist ja nicht weit."

„Hurra!", jubelte Lukas.

„Also, hört gut zu!", fuhr die Löwenmutter fort: „Ihr geht bis zur Wasserstelle und dann links an den Wohnungen der Erdmännchen vorbei. Hinter dem Hügel mit dem alten Affenbrotbaum findet ihr ihn. Aber denkt daran: Lasst euch unterwegs nicht von Fremden ansprechen und geht mit keinem mit!"

„Alles klar!", rief Lars. „Auf geht's. Mir nach!"

„Hey, was heißt hier: Mir nach?", empörte sich Lukas. „Ich bin der Älteste, also hab ich auch das Kommando."

„Du bist nur dreißig Sekunden älter als ich und ich bin voll viel schlauer als du", giftete Lars.

Daraufhin packte ihn sein älterer Bruder mit den Zähnen am Ohr und Lukas boxte ihm mit der Pranke in den Magen.

„Okay, ich geh dann schon mal vor", sagte Layla und spazierte an ihren Brüdern vorbei. Die ließen sich das nicht gefallen und so stürmten alle vier Geschwister vor und trampelten sich beinahe gegenseitig über den Haufen. Plappernd, streitend und johlend rannten sie bis zur Wasserstelle und dann an den Erdhöhlen der hektischen Erdmännchen vorbei.

„Nanu, wo wollt ihr denn hin?", meldete sich plötzlich eine wohlklingende Stimme. Sie gehörte einem großgewachsenen und ungewöhnlich kräftigen Pavian.

„Wir wollen zum König", sagte Lukas mit stolzgeschwellter Brust.

„Der ist nämlich unser Papa!", ergänzte Layla eifrig.

„So, so", sagte der Pavian und lächelte überlegen. „Und deshalb haltet ihr euch wohl für etwas ganz Besonderes?"

„Na logo", erwiderte Lars.

„Dann lasst mich euch mal Folgendes erklären", sagte der Pavian mit einem seltsamen Unterton in der Stimme. „Ihr seid keineswegs die Ersten und Einzigen, die etwas vom König wollen, sogar die mächtigen Elefanten kommen her und suchen seinen Rat. Also bildet euch nicht ein, dass der König der Savanne die ganze Zeit sehnsüchtig darauf wartet, dass ein paar plappernde Löwenkinder auftauchen und ihn bei seiner Arbeit stören. Glaubt mir, ich habe eine wichtige Stellung am Königshof, ich kenn mich da aus." Sein Blick fiel auf Lisa, die ganz kleinlaut wurde. „Wie weit kannst du zählen, Kleine?", fragte er sie.

„Bis... zehn", murmelte sie leise.

„Ich kann bis zwanzig zählen!", meldete sich Lars vorlaut.

„Bis zwanzig. So, so." Der Pavian verzog seine Lippen zu einem schwer deutbaren Lächeln. „Das ist ja eine ganze Menge. Aber ihr müsst euch vorstellen, dass der König zehntausend Mal so viele Untertanen hat. Er beschäftigt sich mit wirklich wichtigen Dingen und seine Zeit ist außerordentlich knapp bemessen", erklärte der Pavian. „Es würde mich sehr wundern, wenn er euch überhaupt erkennt."

„Aber Mama hat gesagt…", wollte sich Layla zu Wort melden, doch der Pavian unterbrach sie barsch: „Die Welt ist nicht immer so, wie wir uns das wünschen. Deshalb solltet ihr euch auch gut auf das Gespräch vorbereiten. Also, was wollt ihr vom König?"

„Ich will so viel Fleisch, dass ich mich kugelrund fressen kann und nie wieder jagen muss", sagte Lars.

„Pah, jagen", stichelte Lukas. „Wann hast du schon mal gejagt? Das erledigt doch alles Mama." Lars schlug mit der Pranke nach ihm, aber Lukas wich aus und erklärte: „Ich bin ein Prinz. Ich will einmal meinen Vater beerben und Herrscher über die Savanne werden." Er klang dabei ziemlich eingebildet, was dem Pavian gut gefiel.

Nun blickte der Affe erwartungsvoll Lisa an.

„Also, ich will bloß keinen Ärger kriegen", sagte diese rasch.

„Und du?", wandte sich der Pavian mit stechendem Blick an Layla.

„Ich will meinen Papa kennenlernen und mit ihm zusammen was Tolles unternehmen."

„Sei nicht albern", knurrte der Pavian. „Du redest hier vom König! Glaub mir, der hat Wichtigeres zu tun, als mit kleinen Löwen zu spielen." Er schüttelte verächtlich den Kopf. „Ich schlage vor, du überlegst dir etwas anderes."

„Aber…", wollte Layla widersprechen. Doch der Pavian redete einfach weiter: „Und nun zu euch anderen. Ich mag euch und deshalb werde ich euch ein paar wertvolle Tipps geben. Du", sagte er und wandte sich an Lars, „willst immer genug saftiges, frisches Fleisch zum Fressen haben? Dann solltest du den König unbedingt davon überzeugen, dass du das auch verdient hast. Zähle auf, was du bisher schon alles geleistet hast; sage ihm, wie fleißig und wie nett du bist."

„Aber der ist stinkefaul und fies", wandte Lukas ein und wich gewohnheitsgemäß dem ärgerlichen Prankenhieb seines älteren Bruders aus.

„Selbst wenn es so wäre", erwiderte der Pavian und zwinkerte den beiden listig zu, „muss man das dem König ja nicht auf die Nase binden. Und nun zu dir, mein Freund", sagte er zu Lukas. „Du willst Juniorchef werden?"

Lukas nickte eifrig.

„Eine hervorragende Idee. Dann müssen alle vor dir kuschen. Aber Chefs müssen auch gut reden können und schick aussehen. Kämm dir dein Fell und übe die richtige Anrede, zum Beispiel: ‚Eure hochwohlgeborene Majestät, König aller Löwen und Herrscher der Savanne, in tiefer Ehrerbietung neige ich mein Haupt vor dir'… und so weiter."

„Voll krass", sagte Lukas.

„Aber wirkungsvoll", behauptete der Pavian und grinste.

„Und was soll ich machen?", fragte Lisa nervös.

„Am besten gar nichts", erwiderte der Pavian. „Wer nichts macht, macht auch keine Fehler. Versteck dich hinter den anderen und weiche dem König aus. Der ist auch mal froh, wenn jemand nichts von ihm möchte."

Lisa lächelte dankbar.

„Und im Zweifelsfall kann es nicht schaden, immer ein paar gute Ausreden parat zu haben", fügte der Pavian hinzu.

„Aber Mama hat gesagt…", wollte sich Layla noch einmal zu Wort melden. Doch ihre Brüder stießen sie in die Seite: „Sei ruhig." Dann wandten sie sich mit dankbarem Lächeln an den Pavian:

„Vielen Dank für die Tipps", sagte Lars.

„Wir werden sie beherzigen", rief Lukas.

„Auf Wiedersehen", piepste Lisa.

Layla hingegen schüttelte nur den Kopf und trabte weiter.

Leichtfüßig und guter Dinge liefen die Löwenkinder den Hügel hinauf auf den alten Affenbrotbaum zu.

Popo der Pavian grinste listig, als er zusah, wie die Löwenkinder allmählich hinter der Hügelkuppe verschwanden. Dann rieb er sich die Hände und murmelte: „Ach ja, Rache ist süß. Du wirst dich ganz schön umgucken, Leon, wenn deine missratenen Bälger bei dir auftauchen." Hastig machte der Affe kehrt und eilte einen versteckten Pfad entlang zu einem kleinen, mit dichtem Buschwerk bewachsenen Plateau. Von dort aus konnte er alles ungesehen beobachten.

Popo der Pavian war leider kein besonders netter Affe, dafür aber sehr machtgierig. Früher hatte er tatsächlich mal im Hofstaat von König Leon dem Löwen gedient. Aber als Leon mitbekommen hatte, wie der Affe seine Stellung ausgenutzt hatte, um andere zu unterdrücken und sich selbst zu bereichern, hatte er ihn fortgeschickt. Seitdem grübelte Popo darüber nach, wie er sich am besten rächen konnte. Und nun hatte er eine Möglichkeit gefunden. Er wusste, dass Leon oft ziemlich enttäuscht und sauer war, wenn seine Untertanen versuchten, mit besonders hochtrabenden Worten und Schmeicheleien Eindruck bei ihm zu machen. Sie versuchten, ihn damit auszutricksen und hatten es eigentlich nur auf ihren eigenen Vorteil abgesehen. Wenn nun seine eigenen Kinder genauso vorgingen, würde ihn das ganz schön fertigmachen.

Grinsend beobachtete er von seinem Versteck aus die Ebene. Der König beriet sich gerade mit Erich dem Elefanten und Nina Nixda, der Nilpferdchefin, als die vier Löwenkinder zögernd näher traten. Leon wandte sich um und lächelte erfreut, als er seine Kinder sah. Dann bat er die beiden Berater, einen Augenblick zu warten.

„Dir wird das Grinsen noch vergehen, Leon", murmelte Popo böse.

Der älteste Löwenjunge trat vor und sagte etwas. Langsam wich das Lächeln von Leons Lippen und er runzelte die Stirn.

Popo kicherte leise.

Nun drängelte sich der Zweitälteste vor, machte eine tiefe Verbeugung und quatschte salbungsvoll auf seinen Vater ein. Leons Verwunderung wurde immer größer, und als er bemerkte, wie die kleine Lisa sich ständig im Rücken ihrer Geschwister herumdrückte, schien ihn Traurigkeit zu erfassen.

Popo rieb sich vergnügt die Hände. „Wenn du wüsstest, wie einfach es war, deine Kinder zu beeinflussen", sagte er. „Du wirst noch bitter bereuen, dass du deinem fähigsten Mitarbeiter gekündigt hast!"

Gerade als der kleine Lukas sich so richtig in Fahrt geredet hatte, legte der König plötzlich den Kopf in den Nacken und ließ ein so markerschütterndes Brüllen hören, dass selbst Popo in seinem Versteck erschrocken zusammenzuckte.

„Meine Güte", flüsterte der Pavian zu sich selbst, „nun ist Seine Majestät aber sauer, was? Besser, ich zieh mich zurück, bevor die Kinder sich verplappern und ich Ärger kriege."

Hastig hüpfte der Affe davon und versteckte sich auf einem hohen Felsen am Rande des Pfades. Er musste sehr lange warten. Die Abenddämmerung setzte schon ein, als er endlich die vier Löwenkinder den Hügel hinab kommen sah. „Na, die armen Kleinen haben bestimmt ordentlich Ärger gekriegt", kicherte Popo in seinen Pavianbart.

Als die vier allerdings näher kamen, rutschte Popo das selbstzufriedene Grinsen aus dem Gesicht wie ein Wackelpudding aus einer umgedrehten Schüssel. Anstatt eingeschüchtert den Hügel hinabzuschleichen, tollten die vier Löwenkinder fröhlich den Pfad entlang.

„Das war der schönste Tag in meinem Leben", sagte die schüchterne Lisa gerade mit strahlenden Augen und sah dabei überhaupt nicht mehr schüchtern aus.

„Papa ist der beste Kokosnussfootball-Spieler der Welt", erklärte Lars voller Stolz.

„Als ich auf seinem Rücken reiten durfte, waren wir schneller als die schnellste Antilope", rief Layla begeistert.

„Am coolsten fand ich, als er uns gezeigt hat, wie man ein verlassenes Straußenei ausbrütet", erklärte Lukas.

„Eigentlich können wir dem fiesen Pavian dankbar sein, dass er uns so blöde Tipps gegeben hat", meinte Lisa nachdenklich.

„Ja", bestätigte Lukas, „erst habe ich ja 'nen Riesenschreck gekriegt, als Papa so gebrüllt hat..."

„...und mir haben die Knie geschlottert, als er meinte: ‚Ich glaube, es wird Zeit, dass ihr mich richtig kennenlernt!'", ergänzte Lars.

„Tja, aber dann hat Papa alle nach Hause geschickt und den ganzen Nachmittag mit uns gespielt", sagte Layla.

„Und so haben wir dem ollen Affen einen ganzen Tag mit unserem Papa zu verdanken", rief Lisa quietschvergnügt.

„Was der wohl dazu sagen würde, wenn er das wüsste?", fragte sich Lukas.

Popo der Pavian sagte gar nichts dazu. Er war zu sehr damit beschäftigt, sich selbst vor Wut in seinen Hintern zu beißen.

Manche Leute glauben,

Gott würde ihre Bitten eher erhören, wenn sie besonders schwülstig daherreden, besondere Worte verwenden und ganz lange Gebete sprechen.

Und wieder andere machen sich so viele Sorgen um die alltäglichen Dinge des Lebens, dass sie gar nicht auf die Idee kommen, sich Gott anzuvertrauen. Vielleicht weil sie glauben, Gott habe so viel zu tun und keine Zeit, sich um uns zu kümmern.

Das ist alles Quatsch. Gott weiß genau, was ihr wirklich braucht, noch ehe ihr ein einziges Wort gesagt habt. Gott ist wie ein liebevoller Papa zu euch. Vertraut ihm, er wird euch nicht im Stich lassen.

Nach Matthäus 6,7.31–32

Leon Teil 3 – Riesendurst statt Zebrawurst

Es war ein unglaubliches Gedränge. Leon der Löwe war lange Zeit fort gewesen, aber nun war er zurückgekehrt und hatte eine große Savannenversammlung einberufen, um etwas Wichtiges mitzuteilen.

Ede das Erdhörnchen reckte den Hals, um etwas erkennen zu können, erblickte aber nur das gestreifte Hinterteil eines Zebras. Eingekeilt zwischen einer aufgeregten Gazellenfamilie auf der rechten und Lord Nase, dem Chef der Nashörner, auf der linken Seite, war seine Bewegungsfreiheit ziemlich eingeschränkt. „Kannst du etwas sehen?", rief er Gitta der Giraffe zu.

„Ja", erwiderte Gitta und verjagte lässig eine dicke Schmeißfliege.

Ede seufzte: „Hättest du vielleicht die Güte, mir auch zu verraten, was du siehst?"

„Viele Tiere", sagte Gitta und zupfte ein paar Blätter von einem Miombobaum.

Ede seufzte noch ein wenig lauter. Gitta hatte einen sehr eigenwilligen Sinn für Humor. Wahrscheinlich könnte er sie noch eine Stunde lang fragen, ohne eine vernünftige Antwort zu bekommen. Unter dem dicken Bauch von Lord Nase hindurch sah Ede ein paar Straußenfedern. „He, Stanislaw, kannst du irgendwas erkennen?", rief er.

„Ich sehe einen Wüstenfloh", kam es dumpf zurück.

„Nimm den Kopf aus dem Sand und reck den Hals", empfahl Ede.

„Gute Idee", erwiderte Stanislaw.

„Ist der König schon da?", fragte Ede aufgeregt.

„Ja, er klettert gerade auf einen Felsen", berichtete Stanislaw.

Ein Raunen ging durch die Menge der Tiere und Leon ließ ein lautes Brüllen hören.

„Jetzt brüllt er", erklärte Stanislaw.

„Ich kann zwar außer einem Zebrapopo nicht viel sehen, aber hören kann ich noch ganz gut", brummte Ede.

„Jetzt sagt er was", berichtete Stanislaw pflichteifrig und sorgte dafür, dass Ede König Leons erste Worte nicht verstehen konnte.

„Halt die Klappe, Strauß", brummte Lord Nase gereizt.

„... aber Ede hat doch..."

„Noch ein Wort und ich mach dir 'nen Knoten in den Hals", knurrte Lord Nase.

„... die ersten Anzeichen sind schon sichtbar", sagte Leon gerade.

„Hä? Was für Anzeichen? Wovon spricht er?", fragte Ede.

„Angeblich kommt eine große Dürre", flüsterte der Strauß.

„Ob damit Gitta gemeint ist?", witzelte das kleine Erdmännchen und schielte zu der Giraffe hinauf.

„Ruhe jetzt, zum Donnerwetter!", schimpfte Lord Nase. „Der Nächste, der den Mund aufmacht, wird platt gemacht! Ist das klar?!"

„Psst", kam es von vorne.

„... wenn das Gras verdorrt und die Affenbrotbäume ihre Blätter hängen lassen, dann zögert nicht, euch auf den Weg zu machen..."

„Auf den Weg? Aber wohin denn?", fragte Ede. Im nächsten Augenblick musste er hastig zur Seite hüpfen, denn Lord Nases mächtiger Fuß donnerte dicht neben ihm auf den Boden.

„Ruhe, hab ich gesagt!"

Eine mächtige Staubwolke stieg auf und das kleine Erdhörnchen musste husten.

„…ihr werdet durch eine Wüste laufen müssen", sagte Leon mit ernster Stimme. „Und es mag so aussehen, als würdet ihr in die Irre gehen. Doch die Wasserstelle ist da, vertraut mir. Sie ist groß genug für uns alle. Zieht nach Westen, Richtung Sonnenuntergang, sobald die Zeichen sich mehren, und ihr werdet gerettet werden. Das verspreche ich euch!"

Applaus wurde laut und einige Hochrufe erklangen.

„Der König verlässt den Felsen", verkündete Stanislaw.

Die Versammlung war beendet. Missmutig wendete Lord Nase und trabte davon. „Ist doch alles nur Panikmache", brummte er ärgerlich, „Bis jetzt habe ich noch jede Dürre durchgehalten."

Die Menge der Tiere zerstreute sich. Einige murrten, andere machten besorgte Gesichter, eine Gruppe aufgeregt schnatternder Husarenaffen schmiedete bereits Reisepläne, aber ein großer Teil der Anwesenden plauderte angeregt miteinander, als wäre nichts Besonderes geschehen.

Ede kratzte sich nachdenklich am Kopf. Hatte er das richtig verstanden? Hatte Leon das ernst gemeint mit der Trockenheit und der Wanderung durch die Wüste? Wenn er die anderen Tiere so betrachtete, war er sich da nicht so sicher. „Was wirst du machen?", rief er Gitta zu, die gemächlich über eine Herde Warzenschweine hinweg stelzte.

„Ich werde mein zweites Frühstück zu mir nehmen", erwiderte die Giraffe.

War ja klar, dass sie mir so eine Antwort gibt, dachte Ede. Hastig hoppelte er neben den langen Beinen her. „Ich meine, was machst du, wenn die große Dürre wirklich kommt?"

„Wir Giraffen haben da so einen Spruch", erwiderte Gitta. „Kommt Zeit, kommt Rat, da nützt kein Spagat."

„Aha."

Gitta verzog ihre Lippen zu einem Giraffenlächeln und stakste davon.

Ede wandte sich um: „He, Stanislaw, was wirst du machen?"

„Hab ich dich!", triumphierte der Strauß. Er hatte den Kopf schon wieder im Sand.

„Stanislaw?"

„Wie? Was?", der Strauß fuhr hoch. Eine dicke, behaarte Raupe hing ihm halb aus dem Schnabel.

„Was wirst du machen?"

Stanislaw verspeiste das haarige Vieh genüsslich und meinte: „Äh, keine Ahnung. Was machst du denn?"

„Das weiß ich doch selber nicht!" Ede verdrehte die Augen. „Na toll, keine Sau gibt mir eine vernünftige Antwort."

„Hast du denn schon eine gefragt?", knurrte eine Stimme hinter ihm.

Als Ede sich umwandte, blickte er in die funkelnden Augen eines Warzenschweins. „Oh… äh… das war eigentlich nur so 'n Spruch… äh… aber, wo ich dich gerade so treffe… Was wirst du denn machen?"

„Das, was Leon gesagt hat", erwiderte das Schwein.

„Aber die anderen…", begann Ede.

„Jeder muss seine eigene Entscheidung treffen", erwiderte das Warzenschwein und lief hinüber zu seiner Familie.

Schon bald hatte sich die Menge zerstreut, und so trottete auch Ede zurück zu seiner Erdhöhle, und das Leben ging weiter wie bisher.

Die Tage vergingen, wurden zu Wochen und schließlich zu einem Monat. Nichts Außergewöhnliches passierte, gar nichts. Kein Sturm kam, kein

Erbeben, kein Lottogewinn und kein Regen. Alles war wie immer – scheinbar. Die Tiere schimpften über das Wetter, wie sie es immer taten. Und ganz allmählich verloren die Pflanzen ihre satte, grüne Farbe. Bald waren die ersten Wasserstellen ausgetrocknet. Das Gras verdorrte, und die Affenbrotbäume ließen durstig ihre Blätter hängen.

Ede das Erdhörnchen war sich ziemlich sicher, dass Leon, der König der Tiere, vor gar nicht allzu langer Zeit von genau solch einer Situation gesprochen hatte. Aber irgendwie schien sich niemand daran zu erinnern. Vielleicht bin ich einfach nur zu empfindlich, dachte sich Ede, als er gerade an einer staubtrockenen Nuss knabberte und dabei von einem eisgekühlten Feigensaft mit Kokosnussmilch träumte.

In diesem Moment marschierte eine Kolonne von Wanderameisen an ihm vorbei. Die Jungs dachten sich immer irgendwelche albernen Marschlieder aus, um nicht aus dem Rhythmus zu kommen. Üblicherweise drehte es sich dabei um ihre Königinnen und das neueste Bauvorhaben. Dieses Mal jedoch sangen sie Folgendes:

„Der Leopard, der träumt von Zebrawurst,
wir hingegen haben Riesendurst.
Wird Zeit, dass endlich wieder Regen fällt,
wenn's sein muss, zahl'n wir dafür sogar Geld.
Wir wollen endlich wieder Wasser trinken,
uns waschen, weil wir ziemlich dolle stinken.
Am schönsten wäre Tau von grünem Laub,
vor allem muss er nasser sein als Staub."

Über die Qualität von Ameisenreimen lässt sich sicherlich streiten. Aber zumindest wurde Ede klar, dass er nicht der Einzige war, der unter der Trockenheit litt.

Als er sich umsah, konnte er in der Ferne den Chef der Nashörner mit ein paar Zebras plaudern sehen, ein großer Pavian war auch dabei. Das kleine Erdhörnchen lief hinüber und konnte hören, wie Lord Nase gerade sagte: „... ach Quatsch, diese Trockenheit ist auch nicht schlimmer als andere. Glaubt mir, ich habe schon 'ne Menge Jahre auf der Nase und schon weit trockenere Zeiten erlebt als diese hier!"

„Und was ist mit Leons Warnung?", meldete sich Ede ungefragt zu Wort.

„Papperlapapp", knurrte Lord Nase.

„So eine Trockenheit ist ein ganz natürliches Ereignis", erklärte der Pavian. „Da muss man nicht gleich den König zitieren."

„Aber er hat doch gesagt, wenn das Gras verdorrt und die Affenbrotbäume ihre Blätter hängen lassen, dann sollen wir nach Westen ziehen", entgegnete Ede.

„Hat er das wirklich so gesagt?", fragte der Pavian.

„Ja… ich glaube schon…", erwiderte Ede, ein bisschen verunsichert, weil sich offenbar kein anderer daran erinnerte.

Lord Nase schnaubte verächtlich und stampfte mit seinem Clan davon. Die Zebras begannen zu weiden, und der Pavian meinte, überheblich auf Ede hinab grinsend: „Junge, Junge, du glaubst wohl auch alles, was?" Dann zog er sich einen Floh aus dem Fell und zerknackte ihn zwischen den bloßen Fingern.

„Na ja…", murmelte Ede und kratzte sich am rechten Ohr.

Der Pavian kletterte auf einen Baum und beachtete ihn nicht weiter.

Ede spazierte durch die Savanne und sah überall Tiere umherwandern, die mit den unterschiedlichsten Dingen beschäftigt waren. Offenbar dachte keiner daran, nach Westen zu wandern. Eine Erdmännchenkolonie war sogar emsig dabei, ihre neu bezogene Erdhöhle einzurichten.

„He Chefin, wo soll ich die Heumatratzen hinbringen?", fragte eines der Tiere die Koloniechefin.

„Zweiter Tunnel rechts, aber achte darauf, dass du nicht wieder lauter Wanzen mit hineinschleppst. He, du da", fuhr sie ein anderes Erdmännchen an, „pass mit den Eiern auf, sonst gibt es morgen kein Frühstück!"

„Äh... Hallo", meldete sich Ede zu Wort.

Die Koloniechefin behielt ihre Leute weiter im Blick und fragte ungeduldig: „Was gibt's denn?"

„Ist euch denn noch gar nicht die große Trockenheit...?", begann Ede, wurde jedoch von einem spitzen Schrei der Chefin unterbrochen: „He, die Kürbisschale habe ich von Oma geerbt! Geh gefälligst vorsichtig damit um!"

Ede räusperte sich: „Macht ihr euch keine Sorgen wegen der...?"

„Sorgen...?", fragte die Chefin abwesend. „Ich mach mir ständig Sorgen..." Ihr Blick fiel auf zwei Erdmännchen, die einen abgestorbenen Ast heranschleppten. „Da seid ihr ja endlich! Nun beeilt euch und stützt den Westtunnel ab, bevor wieder irgend so ein dämliches Elefantenbaby drauflatscht." Sie wandte sich wieder an Ede: „Was ist jetzt eigentlich deine Frage?", herrschte sie ihn ungeduldig an.

„König Leon hat doch gesagt, dass wir nach Westen ziehen sollen, wenn die Trockenheit…"

„Doch nicht dorthin, du Trottel!", schimpfte die Chefin.

Ede schwieg verdutzt, dann bemerkte er, dass sie gar nicht ihn gemeint hatte, sondern ein junges Erdmännchen, das einen zerfledderten Trockenblumenstrauß zwischen den Zähnen hatte und verunsichert aus einem Tunnel herauslugte.

Während die Chefin weiterhin auf das eingeschüchterte Kerlchen einschimpfte, wandte sich Ede kopfschüttelnd ab und trottete weiter. Hier würde er wohl keine Antwort erhalten.

Etwas weiter sah er Stanislaw den Strauß, der den vertrockneten Boden nach irgendetwas absuchte. Als Ede näherkam, hörte er den großen Vogel murmeln: „Wo bist du denn? Na komm schon, versteck dich nicht, Onkel Stanislaw tut dir doch nichts, na komm…"

„Was machst du denn da?", fragte Ede.

„Halt!", befahl der Strauß. „Nicht bewegen. Er muss hier irgendwo sein."

Ede blieb stehen und fragte: „Hast du schon darüber nachgedacht, nach Westen zu ziehen?"

„Hab ich dich!", jubelte Stanislaw. Dann stürzte er an Ede vorbei und pickte einen Kieselstein von der Erde. Triumphierend hob er den Kopf und schluckte den Stein geräuschvoll herunter. „Ist gut für die Verdauung", erklärte er.

„König Leon hat doch gesagt, wir sollen nach Westen ziehen", setzte Ede erneut an.

Aber Stanislaw war schon vollauf mit der Suche nach dem nächsten Stein beschäftigt. Und Ede wusste aus Erfahrung, dass Stanislaw sich immer nur auf eine Sache konzentrieren konnte. Momentan waren ihm die Kieselsteine wohl wichtiger.

Mit gesenktem Kopf marschierte das kleine Erdhörnchen weiter. Es hatte furchtbaren Durst; das musste den anderen doch genauso gehen. Warum erinnerte sich keiner an die Worte des Königs?

„He du, kommst du auch mit?", meldete sich plötzlich eine Stimme neben ihm. Es war ein Husarenaffe, der ihn neugierig von der Seite musterte.

„Wohin denn?", fragte Ede.

„Zu der Wasserstelle natürlich!", entgegnete der Affe. „König Leon hat doch gesagt, wir sollen nach Westen ziehen, wenn die Trockenheit kommt. Ich sammle die Nachzügler ein."

„Ihr glaubt also wirklich..."

„Na klar. Komm mit, wir treffen uns hinter dem Hügel."

Ede leistete der Aufforderung Folge, und er war erstaunt über das, was er hinter dem Hügel sah: Nicht nur die Husarenaffen wollten aufbrechen. Eine ganze Reihe von Tieren hatte sich schon dort eingefunden. Gitta die Giraffe war dabei, die Warzenschweine hatten sich vollständig versammelt, Elefanten, Gazellen, Antilopen – es war ordentlich etwas los.

Bei Einbruch der Dunkelheit marschierten sie los. Sie wanderten durch die Nacht, weil es dann angenehm kühl war, und ruhten sich am Tag ein wenig aus.

Anfangs war die Stimmung großartig. Die Spitzenlaune sank allerdings, als die Gegend immer karger wurde. Vor allem die Husarenaffen, die anfangs noch ein Mordstempo vorgelegt hatten, fingen an zu murren. „Wann kommt denn endlich die Wasserstelle?", maulten sie.

„Der König hat doch gesagt, dass wir durch eine Wüste laufen müssen", erwiderten die Warzenschweine.

„Aber wir latschen doch schon tagelang durch die Wüste. Es wird immer schlimmer statt besser!"

Schließlich, an einem Tag, der so heiß war, dass Ede auf seinen Augenbrauen Nüsse hätte rösten können, machten die Affen kehrt. „Zu Hause gab es wenigstens noch ein paar schlammige Wassertümpel! Hier gibt es gar nichts!", riefen sie. „Kommt lieber mit uns zurück, bevor es zu spät ist!"

„Was machst du?", fragte Ede Gitta die Giraffe. Eigentlich hatte er mit einer typischen Giraffenantwort gerechnet, doch Gitta sagte: „Komm, kletter auf meine Schultern, ich trage dich!"

Viele Tiere vertrauten auf die Worte des Königs, doch etliche machten mit den Affen kehrt. Traurig und erschöpft blickten ihnen die anderen hinterher, bis eine Staubwolke die in der Hitze flimmernden Gestalten verschluckte.

Am Abend marschierte die Kolonne weiter, Meile um Meile. Die Stärkeren halfen den Schwächeren. Niemand blieb zurück. Allerdings sprach

kaum noch einer ein Wort, weil ihre Kehlen wie ausgedörrt waren.

Viele Tage später, als Ede, kraftlos wie eine ausgenuckelte Bananenschale, auf Gittas Schultern lag und von Wassereis mit Haselnussgeschmack träumte, hörte er plötzlich einen Schrei. „W-w-was ist los?", stammelte er. „Werden wir angegriffen?"

„Wasser!", gellte der Schrei eines Pelikans durch die Wüstenluft. „Ich habe Wasser gefunden!"

„Ich glaub, der hazulliniert...", murmelte Ede.

„Möglicherweise halluziniert[7] er", erwiderte Gitta. „Aber woher kommt dann der Fisch in seinem Schnabel?"

„Hä? Fisch?", Ede hob den Kopf. Tatsache! Ein tropfnasser Fischschwanz lugte aus seinem Schnabel hervor.

Es dauerte einen Moment, bis die entkräfteten Tiere registrierten, was los war. Dann jedoch gab es kein Halten mehr. Jubelnd rannten sie los, über einen sandigen Hügel und dann hinab in ein fruchtbares grünes Tal, in dem ein riesiger klarer See lag. Selbst die wasserscheueste Wildkatze ließ es sich nicht nehmen, ins kühle Nass zu hechten und ausgelassen zu plantschen.

Ede trank, bis sein Bauch blubberte wie Tante Emmas Nusseintopf. Dann legte er sich am Ufer

---

[7] Jemand, der halluziniert, bildet sich ein, etwas zu sehen, das in Wirklichkeit gar nicht da ist.

platt auf den Rücken. Kühle Wellen kitzelten seine Pfoten. Er war schon fast eingeschlafen, da sah er zwischen den halb geschlossenen Lidern hindurch auf einem Felsvorsprung einen Löwen stehen, der ihm freundlich zublinzelte. Als er noch mal hinsah, war der Löwe weg.

„Hm, vielleicht habe ich ja Hazullitazionen oder wie auch immer das heißt… aber wenn nicht…" Er hob den Kopf und rief in Richtung der Felsen: „Vielen Dank, Leon! Du hast uns gerettet!"

Viele Leute hören die Gute Nachricht,

dass Gott uns lieb hat und uns helfen möchte, aber sie gehen sehr unterschiedlich damit um.

Manche hören einfach nicht darauf und halten alles für Unsinn. Andere sind so mit ihren alltäglichen, nebensächlichen Sorgen und ihrem Besitz beschäftigt, dass sie Gott dabei völlig vergessen. Wieder andere sind erst eifrig dabei, aber sobald es schwierig wird und es ihnen mal nicht so gut geht, geben sie auf.

Und dann gibt es noch die Leute, die Gott vertrauen, auch wenn es manchmal nicht einfach ist. Sie erfahren, dass Gott es gut mit ihnen meint, und das führt dazu, dass sie sich immer mehr verändern und auch anderen Gutes tun wollen.

Nach Matthäus 13,18–23

Spucke und die
Friedenstaube

Matschiger, grauer Schnee lag in den Straßen Berlins. Am Rande eines lärmenden Weihnachtsmarktes pickte Spucke gerade an den weggeworfenen Resten eines Weihnachtsstollens, als auf einmal ein großer dunkler Schatten auf ihn fiel. Ein seltsamer weißer Vogel landete würdevoll auf dem Pflaster und zwinkerte ihm freundlich zu: „Fröhliche Weihnachten."

„Tachchen." Mit schräg gelegtem Kopf beäugte Spucke den großen Vogel und fragte: „Wer bist'n du?"

„Ich heiße Theodora Gurr. Ich bin eine Friedenstaube. Und wie heißt du?"

„Eijentlich heiß ick Konstantin, aber alle nennen mich Spucke. Willste wat von mei'm Stollen hab'n?"

„Gerne, vielen Dank", sagte Theodora.

„Is ja jenuch da", erwiderte der kleine Spatz großzügig.

Gemeinsam pickten sie an den krümeligen Resten. „Nimms mir nich übel, Holdeste", sagte Spucke wenig später mit vollen Backen. „Aber von so'ne komische Vögel wie dir hab ick noch nie jehört. Wat isn eijentlich ne Friedenstaube?"

„Das ist im Grunde genommen ganz einfach", entgegnete Theodora. „Tauben kennst du ja."

„Na klar", bemerkte Spucke finster. „Dit sind die dämlichen Viecher, die aussehn wie jerupfte Hühner und morjens imma wie irre rumjurren, so dass sie mir aus die süßesten Träume reißen."

„Das klingt nicht sehr schmeichelhaft", erwiderte die Friedenstaube.

„Tut mir leid", entgegnete Spucke. „Aba aus mir spricht die Erfahrung."

„Nun ja, ich bin also auch eine Taube", erwiderte Theodora. „Und meine Aufgabe ist es, den Frieden zu verkünden."

„Warum denn ditt?"

„Vor vielen, vielen Jahren war einer meiner Vorfahren weit im Süden unterwegs. Er hieß übrigens Thaddäus Tauberich. Und als er eines Nachts in der Nähe einer Schafherde auf einem Olivenbaum übernachtete, da geschah etwas sehr Merkwürdiges. Auf einmal war da ein goldenes Licht am Himmel und seltsame Wesen in strahlend hellen Gewändern…"

„Echt abgefahren", kommentierte Spucke.

„Die Menschen nannten diese Wesen Engel…"

„Kenn ick", unterbrach Spucke sie erneut. „So 'nen Typen haben wa och bei uns in Berlin. Der steht uffe Siegessäule[8] und rührt sich nicht. Selbst dann nich, wenn deine Kumpels seine Frisur als Toilette benutzen."

Theodora runzelte die Stirn und fuhr fort: „Als die Engel auftauchten und mit den Schafhirten zu sprechen begannen, wäre Thaddäus vor Schreck beinahe vom Baum gefallen. Er bekam nicht alles so richtig mit, aber eines verstand er genau: Ein Kind sei geboren worden, ein ganz besonderes, und durch dieses Kind würde etwas Neues, ganz Wunderbares entstehen. Seitdem feiern die Menschen übrigens Weihnachten."

„Ach so", meldete sich Spucke zu Wort, „dit is ne Jeburtstachsparty! Und ick dachte imma, Weihnachten is ne Idee von ner Spielzeugfabrik oder so."

„Und was die Engel dann sangen, das prägte sich so tief ein, dass Thaddäus es nie wieder vergessen konnte: Ehre sei Gott in der Höhe und

---

8 Die Siegessäule ist ein Wahrzeichen der Stadt Berlin. Auf ihrer Spitze steht ein goldener Engel.

Frieden auf Erden bei den Leuten seines Wohlgefallens."

„Cool", meinte Spucke.

„Thaddäus berichtete seinen Kindern davon und die wiederum ihren Kindern. Und seitdem sind wir Friedenstauben unterwegs, um den Frieden auf Erden zu verkünden."

„Is ja 'ne echt krasse Geschichte", bemerkte Spucke und pickte wieder nach dem Stollen. „Aber eins hab ick noch nich so janz kapiert", fuhr er mit vollen Backen fort. „Die Sache mit dem Frieden – wat isn dit eijentlich?"

„Du weißt nicht, was Frieden ist?", fragte Theodora und verschluckte sich fast an einer Rosine.

„Ehrlich jesacht nich", erwiderte Spucke. „Dit is irjendwat aus der Politik, wa? Nobelpreis und so'n Zeug."

„Ach du Schreck", sagte die Friedenstaube kopfschüttelnd. „Na, ich will mal versuchen, es dir zu erklären: Hast du Feinde?"

„Na klar", erwiderte Spucke, „massenhaft. Dit isn jefährlichet Pflaster, uff dit du dir hier bewegst."

„Wer ist dein schlimmster Feind?"

„Hm", Spucke blickte nachdenklich in den kalten Berliner Abendhimmel. „Ick würd sajn, am fiesesten von die janze Bande is Rosanna."

„Rosanna?", fragte Theodora verdutzt.

„Der Pudel von die olle Kiosktante da drüben. Der Köter hat's uff mir abjesehn. Und allet nur, weil ick einmal aus Jux in ihr Futternäpfchen jepieselt habe. Meine Jüte, so'n bisschen Spatzenpipi, da muss man doch tolerant sein. Aber seitdem läuft dit immer so ab: Kaum schwingt Mutti ihre Hufe, um mit dit kläffende Strickjarn Jassi zu jehn, kriegt dit Viech rotglühende Augen und reißt die Alte fast aus die Latschen, nur um mir an die Jurgel zu jehn. Ick kann dir sajen, so zwei- dreimal bin ick Jevatter Tod jerademal so von die Schippe jehüpft."

„Wie bitte?"

„Ick bin 'n paarmal nur knapp mit'm Leben davonjekomm", erklärte Spucke.

„Ach so", sagte Theodora. „Nun gut, und jetzt stell dir vor, Rosanna, der Pudel, würde dich nie wieder jagen. Das wäre Frieden."

„Aha", sagte Spucke und machte ein listiges Gesicht. „Wenn also die Jungs vonna Müllabfuhr mit ihrem Laster versehentlich die Rosanna plattfahrn, dann is dit also Frieden?"

„Nein, nein", widersprach Theodora ganz entsetzt. „Du verstehst das völlig falsch. Rosanna lebt und tut dir trotzdem nichts."

„Du meinst die Kiosktante zieht mit ihre Töle nach Potsdam oder so und lässt mir hier in Ruhe?"

„Nein, der Hund bleibt hier", erwiderte Theodora.

„Issa vielleicht krank?", rätselte Spucke.

„Rosanna ist kerngesund", entgegnete Theodora mit einem Hauch von Ungeduld in der Stimme.

Man konnte förmlich hören, wie Spuckes Gehirn angestrengt arbeitete. Dann hellten sich seine Züge auf, und er sagte. „Ick hab's. Sie muss 'nen Maulkorb tragen. Die erlassen 'n Jesetz, dass alle Pudel Maulkorbzwang haben und…"

„Nein, es ist ganz anders", widersprach Theodora kopfschüttelnd. „Ich fürchte, so kommen wir nicht weiter." Die Taube kratzte sich nachdenklich am Bauch und meinte schließlich: „Darf ich dir noch eine andere Frage stellen?"

„Na logo", erwiderte Spucke, „schieß los."

„Warst du schon einmal verliebt?"

„Dit is aba ne seehr persönliche Fraje", sagte Spucke, und man konnte sehen, wie sich seine Spatzenwangen zartrosa verfärbten.

„Ah", sagte Theodora augenzwinkernd. „Ich sehe, du warst schon mal verliebt."

„Sie heißt Suse", murmelte Spucke.

„Hat man dich dazu gezwungen, dich in Suse zu verlieben?", fragte Theodora.

„Natürlich nich!"

„Siehst du, und so ist es mit dem Frieden auch…"

„Wat?", unterbrach Spucke die Friedenstaube entsetzt. „Dit heißt, Rosanna, diese wandelnde Dauerwelle, verknallt sich in mir?"

„Nein, nein, nein", sagte die Friedenstaube. „Ich will damit nur sagen: Wahrer Friede kann nicht erzwungen werden. Er wird niemals mit Gewalt erreicht, denn er muss bei dir selber beginnen. Und er ist etwas sehr Schönes."

„Na, dit is mal 'n Ding", sagte Spucke und pickte weiter an seinem Stollen. Nach einer Weile fügte er hinzu: „Hört sich jut an. Aber sei ma ehrlich. Haste sowat denn schon irjendwann ma erlebt? So wahren Frieden, mein ick?"

„Das ist die falsche Frage", erwiderte Theodora freundlich. „Die entscheidende Frage ist doch: Hast du schon mal wahren Frieden erlebt?"

„Ick?", fragte Spucke.

„Ja du."

„Wieso ick denn?", fragte Spucke.

„Denk einfach mal über das nach, was die Engel damals gesungen haben."

„Die Engel? Aber wat hat'n dit mit mir zu tun?"

„Das musst du schon selbst herausfinden", erwiderte Theodora. „Vielen Dank für den Stollen."

„Hey, du willst dich doch jetzt nich einfach verpieseln?", fragte Spucke.

„Meine Aufgabe ist erfüllt", erwiderte Theodora und lächelte. „Jetzt bist du dran. Mach's gut, Spucke."

Ohne eine Antwort abzuwarten, flatterte die Taube davon und verschwand im eleganten Bogen über dem Weihnachtsmarkt.

„Na tolle Wurst, da segelt se nu davon", brummte Spucke und blickte ihr hinterher. „Lässt die mir doch glatt alleene mit ihre Friedensbotschaft. Und Hausaufgaben krieg ick och noch. Also, wat ham die Engels gleich noch jeträllert? Ehre sei Jott in die Höhe und Frieden uff Erden und die Leute sein Wohljefallen. Und dit soll wat mit Rosanna und mir zu tun haben?" Spucke schüttelte den Kopf und flatterte über den Lärm der Weihnachtsbuden hinweg zu seinem Lieblingsplatz auf der Kaiser-Wilhelm-Gedächtniskirche. „Also nee, dit is ja voll der Quatsch. Ick gloob nich, dass Jott sich für Spatzen interessiert."

Ohne dass Spucke es bemerkte, hatten ihn unten am Weihnachtsmarkt zwei Jungs ins Visier genommen. Sie hatten sich an einer der Marktbuden neue Steinschleudern gekauft, und der kleine Spatz bot sich als ideales Übungsobjekt an. Kaum hatte Spucke sich auf einem Sims niedergelassen, krachte ein Kieselstein direkt neben ihm gegen die Mauer.

Erschrocken flatterte er auf: „Hilfe, Mörder, Überfall!" Nur durch einen waghalsigen Sturzflug konnte sich Spucke vor einem weiteren Stein retten. Ein dritter Kiesel knallte gegen die Kirchentür, die aus irgendeinem Grund einen Spalt offen stand. *Das ist die Rettung*, dachte Spucke. Mit einem gewagten Flugmanöver quetschte er sich durch den Spalt und landete unsanft auf dem kalten Boden. Er wollte gerade anfangen wütend loszuschimpfen, als er merkte, dass die Kirche voller Menschen war. Rasch hüpfte er unter eine Kirchenbank.

„… vielleicht denkt ihr jetzt, dass die Weihnachtsbotschaft sehr wenig mit eurem Leben zu tun hat!", predigte der Pfarrer gerade.

„Na, da haste aber ins Schwarze jetroffen, Kumpel", grummelte Spucke und glättete seine zerzausten Federn.

„Vielleicht glaubt ihr, dass Gott sich nicht für euch interessiert, weil ihr zu unbedeutend und wertlos seid."

„So isset", bestätigte Spucke.

„Aber das ist nicht wahr! Im Matthäusevangelium sagt Jesus zu seinen Jüngern: Habt keine Angst, Gott ist euch ganz nah. Werden nicht zwei Spatzen für ein paar Cent verkauft? Und doch ist eurem Vater im Himmel keiner von ihnen egal…"

Spucke schluckte.

„Gott meint dich", fuhr der Pfarrer fort. „Er will mit dir und durch dich Frieden auf Erden schaffen…"

Der Pfarrer sagte noch sehr viel mehr, aber Spucke hörte nicht mehr zu. Mit offenem Schnabel hockte er unter seiner Kirchenbank. *Oh*, dachte er, *also dit… dit is ja… 'n Ding!*

Lange nachdem der letzte Gottesdienstbesucher nach Hause gegangen war, verließ auch Spucke

sehr nachdenklich die Kirche. *Ick gloob, ick muss mir die Sache mit Weihnachten und dem Frieden noch mal janz in Ruhe durch die Birne jehn lassen!*

Wer würde schon viel Geld für einen Spatz ausgeben?

Und doch sorgt Gott sich um jedes einzelne dieser kleinen Tierchen. Wenn Spatzen ihm schon so viel bedeuten: Glaubst du nicht, dass Gott sich noch viel mehr um dich kümmert? Ich sage dir, da kannst du Gift drauf nehmen! Er hat sogar jedes Haar auf deinem Kopf gezählt, so sehr kennt er dich und so sehr liebt er dich.

Nach Matthäus 10,29-30

- ENDE -

Macht Spaß und stärkt Familien

„Diese warmherzigen Geschichten machen Spaß und wecken Ideen, wie ein liebevoller Umgang in der Familie gelingen kann."

Ingrid Jope, family

So ist Familie: Wir leben und lieben, lachen und leiden, streiten und versöhnen uns, gehen uns auf die Nerven und genießen es danach wieder, nah beieinander zu sein. All das macht das Leben reich – und davon handeln auch die 24 Geschichten. Bestimmt erkennen Sie in den Alltagserlebnissen, verzwickten Situationen, Peinlichkeiten und besonderen Momenten ihr eigenes Familienleben wieder. Jede Geschichte schließt mit einer Gesprächsanregung und einem Aktionsimpuls. Ideal für Familien mit Kindern im Alter zwischen 4 und 10 Jahren. Mit zahlreichen s/w-Illustrationen.

 Elisabeth Vollmer • Picknick in der Badewanne
Gebunden • 160 Seiten • ISBN 978-3-8-6591-902-1

Gott hat dich lieb

„101 kurze Andachten für Kinder ab Lesealter, gut und verständlich geschrieben, bunt und fröhlich illustriert."

ethos

Gott hat dich lieb. Bei ihm bist du zu Hause. Jesus will dein Freund sein. Nichts kann dich von seiner Liebe trennen ... Scheinbar einfache Gedanken in kindlicher Sprache – und doch Botschaften, die das Herz tief berühren und verändern können. Jede der 101 Andachten basiert auf einem biblischen Text und hilft Kindern, Gottes Liebe ein gutes Stück näherzukommen. Die Andachten stärken das Vertrauen, dass Gott sie nie im Stich lässt. Das berührt auch Erwachsenenherzen! Ideal für Kinder ab 7 Jahren.

Lloyd-Jones / Jago • Gott hat dich lieb Andachten
Gebunden • 224 Seiten • ISBN 978-3-86591-990-8

Der Verlag weist ausdrücklich darauf hin, dass im Text enthaltene externe Links vom Verlag nur bis zum Zeitpunkt der Buchveröffentlichung eingesehen werden konnten. Auf spätere Veränderungen hat der Verlag keinerlei Einfluss. Eine Haftung des Verlags ist daher ausgeschlossen.

Verlagsgruppe Random House FSC® N001967

Dieser Band enthält unter anderem Geschichten aus den Bänden „Warum es besser war, dass Pogo nicht fliegen konnte" sowie „Mike Mampf und die mongolischen Rennmäuse" von Thomas Franke.

© 2016 Gerth Medien GmbH, Dillerberg 1, 35614 Asslar in der Verlagsgruppe Random House GmbH

1. Auflage 2016
Bestell-Nr. 817158
ISBN 978-3-95734-158-7

Umschlagmotiv: Rainer E. Rühl
Satz: Uhl+Massopust GmbH, Aalen
Druck und Verarbeitung: CPI books GmbH, Leck
Printed in Germany

www.gerth.de